# MINI FLACONS INTERNATIONAL III

ISBN 3-935976-03-8

© Fantasia Verlag GmbH • Dreieich • Germany 2002

# MINI FLACONS INTERNATIONAL III

Die Deutsche Bibliothek - CIP-Einheitsaufnahme

Mini flacons international 3
Dreieich: Fantasia Verl.
(2001) ISBN 3-935976-03-8

## Fantasia Verlag GmbH

Postfach 301142
D-63274 Dreieich
Germany
Tel: +49 (0)6103 - 699503
Fax: +49 (0)6103 - 699504
E-mail: info@fantasiaverlag.de
Internet: http://www.fantasiaverlag.de


**Austria: Gaby`s Sammlertreff**
Gellertgasse 36 · 1100 Wien
Telefon/Fax: 0043/(0)1 96 10 135
www.sammlertreff.at


**France: Brigitte Safirstein**
1, place du Grand Orme · 60300 Courteuil
Tél 0344601177 · Fax 0344531100


**Printed 2002 in Germany**

# Lieber Leser,

wir möchten uns dafür bedanken, daß Sie sich für dieses Buch entschieden haben und hoffen, daß Sie wertvolle Informationen gewinnen, die Ihnen den Bereich des Parfümflakonsammelns näherbringen. Dieser dritte Band einer Buchreihe befaßt sich nicht nur mit den Miniaturflaschen großer Marken, sondern enthält auch ein Kapitel welches sich dem interessanten Gebiet des Parfümschmuckes widmet. Ein durchaus lohnenswerter Blick wie wir meinen, denn in diesem Bereich gibt es für den Parfümfreund noch etliches zu entdecken. Viele Modefirmen haben ihrem Duft auch gleich ein glänzendes Kleinod mitgegeben, welches schmückend für einen Nachschub an kostbarem Duft sorgen kann. Andere Stücke dienen der Promotion und sollen den Träger der symbolisierten Markenartikel als einen solchen ausweisen. Vielleicht standen auch die Fotomodelle der bekannten Hochglanzmagazine Pate für die Idee des Parfümschmuckes. Wie sollte ein Leser jener Modemagazine erfahren, welchen Duft die unnahbar Schöne vom Titelblatt wohl trägt? Der Parfümpin als schmückendes Accessoire gibt visuellen Beweis für das Vorhandensein von kostbaren Düften in der zweidimensionalen Welt geduckter Modemagazine. Fasziniert und interessant ist der Schmuck auf alle Fälle und wir waren erstaunt über die Vielfalt mit der wir konfrontiert wurden.

Das Kapitel mit den Mini Flakons haben wir bewußt in zwei Gruppen unterteilt. Zum einen haben wir neue Minis in das Buch mit aufgenommen,  die seit Erscheinen des Bandes Mini Flacons II auf den Markt kamen, zum andern haben wir uns in einem eigenen Bereich auf alte Miniaturen bezogen, die in der Zwischenzeit bei unserer Recherche auftauchten. Immer wieder finden sich neue alte Stücke, die auf einzigartige Weise von einer bewegten Industriegeschichte erzählen. Die in Glas festgehaltenen Trends vergangener Jahrzehnte zeugen sowohl von traditionellem Marketing als auch gewagter Formensprache mutiger Provokateure. So zeigt sich auch wieder in der Ihnen hier vorliegenden Auswahl das breite Spektrum kreativer Visionen und gestalterischen Handelns. Wir wünschen Ihnen viel Spaß bei der Lektüre und hoffen neue Aspekte und vielleicht einige unbekannte Einsichten in die Welt der Duftbehälter geben zu können. Unser Dank gilt an dieser Stelle den Sammlern, ohne deren Hilfe dieses Buch nicht zustande gekommen wäre: Bettina Bayer-Tetzel, Marcus Schneekloth, Gabi Herzog sowie all denen, die nicht genannt werden möchten.

Haben Sie eine außergewöhnliche Sammlung seltener Stücke, speziell solcher die nicht in unseren Katalogen abgebildet sind? Wir sind kontinuierlich dabei die Auswahl unserer Nachschlagewerke zu komplettieren. Bitte senden Sie uns eine Beschreibung und/oder Bilder ihrer Sammlerstücke, die Sie in späteren Ausgaben unserer Bücher sehen möchten. Lassen Sie uns wissen was Sie sammeln, wie viele Stücke Sie in Ihrer Sammlung haben und wo Sie wohnen. Bitte haben Sie Verständnis dafür, daß wir nicht immer direkt antworten können. Seien Sie jedoch versichert, daß wir uns darauf freuen von Ihnen zu hören. Vielen Dank.

Ihr Team des Fantasia Verlages

# Geleitwort

Parfüm, das unsichtbare Kostüm, die Mimikri des Unterbewußten hat lange Tradition in der Kultur der Menschheit. Der Wunsch einmal ein anderer zu sein, ein besseres Selbst zu erfahren oder einfach die Lust an der Verkleidung treibt uns seit Menschengedenken hinaus auf die Felder und in die Natur, um kostbare Stoffe zu bergen, die geeignet erscheinen uns in diese Traumwelt zu geleiten. In jahrhundertealten Verfahren gelingt es uns, fragilen Blüten jene Essenz zu entlocken die uns so anspricht, dem Leben die so kostbare Substanz abzuringen, die uns gleich dem sagenhaften magischen Brunnen Verjüngung geben soll. Die Sprache des Duftes ist farbenreich und kaum zu beschreiben. Hier versagt der Intellekt, nur in Beispielen und Assoziationen gelingt es, Duft in Worte zu fassen. Welches Medium erscheint mehr geeignet den Charakter einer flüchtigen Sinneswahrnehmung zu beschreiben, als die Form des Behälters, der das Mysterium birgt. Der Flakon als kostbar erscheinendes Sinnbild der Duftkomposition ist unwiderlegbar ein wichtiger Bestandteil der Idee und gleichzeitig Träger der nonverbalen Botschaft. Vielleicht ist es deshalb so schwierig, einen entleerten Flakon wegzuwerfen. Zu eng ist die Erinnerung an den inzwischen verflogenen Duft, und häufig finden sich noch Spuren der Wirkstoffes.

Parfüm kann Erinnerung an die Vergangenheit bedeuten, die im Angesicht des duftenden Sinneserlebnisses in Sekundenbruchteilen tief aus dem Unterbewußten hervorbricht und in selten starker Deutlichkeit wieder erlebt wird, um danach in die weiche Gewißheit des Vergessens zu sinken. Ist es unser Bestreben Gefühle zu konservieren, so wie wir die Duftstoffe an eine alkoholische Lösung ketten? Haben wir Angst vor der Endlichkeit unseres Daseins und treibt uns die Gewißheit der Sterblichkeit dazu, das Symbol eines vergänglichen Gefühls zu bergen?

Parfüm war immer ein Luxus und es scheint kaum jemanden zu stören, daß der eigentlich überflüssige Artikel einen so wichtigen Stellenwert in unserer Gesellschaft innehat. Die Allgegenwart künstlicher Düfte hat sich in den letzen Jahrzehnten noch verstärkt. Kaum ein Produkt, welches sich nicht durch ein eigenes duftendes Oeuvre von der Umwelt abzuheben versucht. Die Inflation der Düfte mit den manipulatorischen Absichten der Verkaufsstrategen, läßt uns all zu leicht abstumpfen gegen die kunstvolle Komposition virtuoser Parfümeure. Gerne wird voreilig der Untergang des Abendlandes prognostiziert, wenn sich gesellschaftliche und kulturelle Verhältnisse ändern. Aber an der Faszination, die ein Duft auf den wachen menschlichen Geist ausmacht, wird sich nichts ändern - soviel steht fest. Auch die Flakons, in all Ihrer Vielfalt, werden lange Zeugnis von der Phantasie und Vorstellungskraft des Menschen geben. Hieran kann auch eine globale Monotonisierung unserer Umwelt nichts ändern. Wir Menschen versuchen täglich unser Umfeld zu formen um uns eine eigene perfekte Welt zu schaffen. Was liegt näher als, gleich einem Fußabdruck im frischen Schnee, eine olfaktorische Note auf unserem blauen Planet zu hinterlassen. Als Krönung unserer gottgleichen Schöpfung geben wir dann dem flüchtigen Zeugnis unserer Existenz auch ein Erscheinungsbild mit, welches in Form des kostbaren Behälters bleibend Zeugnis unseres Schöpfungsaktes ablegt.

# Dear Reader,

Thank you for choosing this book. We hope that you will get valuable information, which will help you with your perfume collecting hobby. This is the third book in a series and it does not only show mini perfume bottles from big brands, but is also featuring a section with perfume jewelry. We think this area is worth to take a closer look at because there is a lot to discover. Many fashion manufactorers accompany the scent with a golden gem which can decorate and deliver the necessary supply of perfume. Other pieces are made for promotional purposes and are intended to identify the wearer as one who is using the product. The idea of perfume jewelry was probably supported by the designers and photographers of fashion magazines. How else could the reader of those magazines know what perfume the beauty on page one is wearing? The perfume pin as a decorating accessory gives proof of the presence of treasured scents in a two dimensional world of printed fashion magazines. Anyway, this area is fascinating and we were surprised about the variety we where faced to.

The section with the perfume minis is split in two parts. One subsection is featuring new minis which where released or found after we issued Mini Flacons edition II. The other section is featuring older items which we could track down in the meanwhile. We always find new vintage objects which are capable of telling the story of a turbulent industrial history. Glass captured the trends of past decades and documents as well traditional marketing as virtuous design. This variety will show you the wide spectrum of creative moldings and designers visions. We wish you a lot of fun while reading, hoping to have been able to point out a few new aspects or some unknown insights in the world of scent containers. Many Thanks to Bettina Bayer-Tetzel, Marcus Schneekloth, Gabi Herzog and further anonymus collectors, which enabled us to compile this book.

By the way, do you have an outstanding collection of rare pieces, especially some which are not pictured in our publications? We always want to complete the collection of our perfume reference literature. Please send us a description and/or photographs of collectibles you want to see in a future edition of the Mini Flacon International reference books. Let us know what you collect, how many pieces you've got and where you live. Please understand that we are not always able to answer immediately. But we love to here from you. Thank you.
Sincerely Yours

the staff of the Fantasia Verlag

# Prefatory note

Perfume, the invisible costume, the mimicry of the subconscious has a long tradition in the history of mankind. The desire to become someone else, to be a better self or just the enjoyment of disguise drives us since ancient times: to go out to the fields and into the nature, to collect treasured substances, who may be suitable to escort us into this dream world. Procedures, hundreds of years old, allow us to extract the appealing essence from fragile blooms, to extract the precious substance assumed to spend youth like the legendary fountain. It is hard to put the colorful expressions of scent in words. Here intellect fails, it is just possible to describe the scent by examples and associations. Which medium seems more suitable to describe the character of a fleeting impression than the appearance of the container hosting the mystery? The flacon as a symbol of the composition of scents is undoubtedly an important part of the idea and a carrier for the non verbal message. This might be the reason why it is so difficult for most of us to throw away an emptied perfume flacon. Too close are the memories to the disappeared scent, and sometimes there is still a trace of the active agent left. Perfume can discover memories which evolve in the presence of the sensation and, once experienced to the full, decline into the sweet certainty of oblivion. Do we attempt to conserve feelings, like the act of bonding active ingredients to the alcoholic liquid? Do we fear the final of our existence, and does the certainty of our sure end force us to preserve the symbol of a transient feeling?

Perfume has always been pure luxury and will be forever. Few wonder that this by definition obsolete article takes such an important part in our society. The permanent presence of artificial scents has increased over the last decades. There is almost no product which does not try to set itself apart from the mass by using it's own pleasant oeuvre. The inflation of scents, caused by the manipulating tasks of the business executives, is likely to make our mind dead against the artistic composition of virtuous perfume designers. The change of society and culture always forces someone to proclaim the downfall of the occident. But no one can change the fascination of a scent to the human spirit - that's for sure. The endless variety of flacons will give evidence of the fantasy and the imagination of mankind. By changing our environment we humans try to create our own perfect world. What seems closer than leaving a olfactory note on this blue planet, like a footprint in fresh fallen snow. As a culmination of our godlike creation, we provide the fleeting evidence of our existence with an appearance in a precious container, to give an eternally proof of our creation.

# Caro lettore,

prima di tutto vogliamo ringraziarla, perchè ha deciso di comperare questo libro. Speriamo chè il libro aiutà di darle le informazioni desiderate.

Come terza edizione di una serie contiene questo libro non solo flaconi in miniatura di marche grandi, però anche un capitolo di gioielli di profumi. In questa sezione cè sicuramente molto da scoprire. Tante dite hanno accompagnato il suo profumo con un piccolo gioiello, quale puo spendere un' altro pò dell' odoro prezioso.

Probabilmente l'idea è nata perchè il profumo usato degli fotomodelli non è visibile e con un piccolo gioiello è possibile di riconoscere la provenienza. In ogni caso gli goielli sono affascinanti e molto interessanti, e noi siamo rimasti stupiti della varietà dell'assortimento.

Il capitolo degli flaconi in miniatura abbiamo diviso in due parti. In uno trovate flaconi che sono uscite nuove da quando e stato publicato "Flaconi mini II". E nell'altro parliamo di miniature vecchie, quali abbiamo scoperti durante la nostra ricerca. Ogni tanto si trova un flacone vecchio, quale ci racontà in un modo unico la sua storia industriale. Come testimone della moda di allora il flacone simbolisce le strategie tradizionali di vendità e il curaggio degli artisti, che hanno creato flaconi con delle forme provocanti. Per questo si presenta il nostro assortimento in uno spettro largo di visioni creative e azioni configurative.

Speriamo che il libro Vi fa molto piacere e che Vi apre nuove prospettive nell'mondo degli contenitori di profumo. A questo punto vogliamo ringraziare à la signora Bettina Bayer-Tetzel, Marcus Schneekloth, Gabi Herzog , anche à tutti gli altri collezionisti, senza quale non avremmo potuto realizzare questo libro.

Se lei è propietario di una collezione di flaconi rari, pezzi che non sono ancora stati publiccati nell' nostro catalogo, noi saremmo interessati di completare il nostro catalogo. Basta mandare una descrizione degli oggetti oppure ci manda delle fotografie, quale è interessato a pubblicare. Fatevi sapere che tipo di flaconi collezionate, quanti pezzi contiene la sua collezione e dove abità. Ci farebbe molto piacere di avere un nuovo contatto.

Il gruppo della casa editrice Fantasia.

## Prefazione

Profumo, il costume invisibile, la mimikri della incoscienza ha una vecchia tradizione nella cultura dell'uomo. Il desiderio di poter cambiare la personalità oppure solo la voglia di travestirsi ci manda da memoria d'uomo fuori sui campi e nella natura per salvare quei materiali preziosi, quali sembrano di poter portarci nell mondo dei nostri sogni.

In procedure raffinate da secoli siamo riusciti di strappare degli fiori quell'odore attraente, chè è capace di sentirci come se avessimo bevuto dalla fontana magica della gioventù. La lingua dell' profumo e policromo e quasi non da descriverci. Solo con esempi e con associazione e possibile di spiegare che cosa é l'odore. Altro chè la forma dell' flacone, quale contiene il mistero, appare piu adato di descrivere il charattere di una percettibilità fugace.

Il flacone come simbolo prezioso della composizione è parte dell' idea, e portatore dell' messagio nonverbale. Probabilmente per questo motivo é cosi difficile di buttare il flacone vuoto nella pattumiera. La memoria all' odore gia andato e ancora presente e ogni tanto incontriamo ancora oggi le sue impronte.

Il profumo puo essere un ricordo all' passato, quale ci porta di nouvo quell' aventura odorosa chè stiamo vivendo di nuovo per poi cadere in oblio. Abbiamo intensioni di conservare emozioni come chè allegiamo gli odori all' liquido alcolico? Abbiamo paura dell' limite dell' nostro essere oppure ci porta la certezza della morte di conservare una sensazione passata?

Il profumo faceva sempre parte dell' lusso e appare di non disturbare a nessuno, chè questo articolo innutile e diventato cosi importanto nella società di oggi. L' onnipresenza degli profumi artificiali e aumentato. Non cè quasi nessun prodotto chè non cerca di presentarsi con un odore particolare e diverso dagli altri. L'inflazione degli odori e gli metodi di commercializzare il prodotto provocà una insensibilità contro le composizioni degli profumieri. La fine dell' mondo viene volentieri prognostizzato quando cambiano circostanze sociali e culturali, pero la faszinazione quale provoca un profumo per la mente dell' huomo non cambiera. Anche gli flaconi nelle sue variazioni rimangono all' lungo testimoni della fantasia e l' immaginativa dell' uomo. Anche il monoteismo globale dell' nostro mondo non cambierà questo. Noi uomini cerciamo giorno per giorno di formare il nostro mondo per creare un ambiente perfetto. E naturale che ci piace di lasciare le impronte dell' piede nella neve appena cadutta, di lasciare una nota olfactoria sulla nostra pianeta.

Come coronamento della nostra creazione divina, diventa la testimonianza fugace della nostra esistenza in forma di un contenitore, testimone della nostra composizione.

# Cher lecteur,

Nous tenons à vous remercier d'avoir fait le choix de cet ouvrage. Nous espérons qu'il vous fournira de précieuses informations et vous permettra de découvrir l'univers de la collection de parfums. Troisième de la série, ce volume n'est pas uniquement consacré aux flacons miniatures des grandes marques, mais comporte également un chapitre traitant des bijoux parfumés. Nous pensons que c'est un domaine tout à fait passionnant où il reste encore beaucoup à découvrir pour l'amateur de parfums. De nombreux couturiers joignent à leurs compositions un joyau brillant, à la fois parure et réserve de précieux parfum. Parfois, ces bijoux servent à des fins promotionnelles et ont pour fonction d'attirer l'attention sur les articles de marque dont ils sont le symbole et sur ceux et celles qui les portent. Peut-être les mannequins des revues de luxe sont-ils à l'origine de l'idée des bijoux parfumés. Comment les lecteurs des magazines de mode pourraient-ils découvrir quel parfum porte l'inaccessible beauté figurant en page de couverture ? L'épinglette parfumée, accessoire décoratif, donne la preuve visuelle de l'existence de parfums précieux dans l'univers unidimensionnel de la presse de mode. Ces bijoux sont en tout cas fascinants et intéressants, et nous avons été surpris par leur diversité.

C'est à dessein que nous avons divisé en deux groupes le chapitre consacré aux mini-flacons. D'une part, nous avons intégré à l'ouvrage de nouveaux mini-flacons apparus sur le marché depuis la parution du volume Mini-Flacons II, d'autre part, dans un domaine spécifique, nous avons fait référence à des miniatures anciennes que nous avons découvertes au cours de nos recherches. De « nouveaux » exemplaires anciens ne cessent d'apparaître et de témoigner d'une manière singulière d'une histoire industrielle mouvementée. Les tendances des décennies passées, coulées dans le verre, évoquent à la fois un marketing traditionnel et l'audacieux langage des formes parlé par de courageux provocateurs. Ainsi, une nouvelle fois, la sélection proposée reflète, dans toute leur variété, les visions créatrices et l'acte qu'elles inspirent. Nous vous souhaitons une agréable lecture et espérons vous faire découvrir de nouveaux aspects et peut-être même une approche inédite de l'univers des flacons de parfum. Nous tenons à remercier Bettina Bayer-Tetzel, Marcus Schneekloth, Gabi Herzog et d'autres collectionneurs - qui ont souhaité garder l'anonymat - sans qui ce livre n'aurait pu voir le jour.

Possédez-vous une collection exceptionnelle composée de pièces rares, notamment de pièces absentes de notre catalogue ? Nous complétons continuellement nos ouvrages de référence. Faites-nous parvenir une description et/ou des photos des pièces de votre collection que vous souhaitez voir figurer dans des éditions ultérieures. Faites-nous savoir ce que vous collectionnez, combien de pièces compte votre collection et où vous habitez. Vous comprendrez sans aucun doute qu'il ne nous est pas toujours possible de vous répondre directement, mais nous pouvons vous assurer que nous nous réjouissons dès maintenant d'avoir de vos nouvelles. Merci.

La rédaction du Fantasia Verlag

## Préambule

Le parfum, invisible costume, camouflage du subconscient, est riche d'une longue tradition culturelle. De mémoire d'homme, l'envie d'être un autre, de troquer son moi contre un autre plus avantageux ou, plus simplement, le plaisir du déguisement nous ont toujours poussés à nous aventurer dans la nature pour lui arracher les substances précieuses susceptibles de nous donner accès à ce monde du rêve. Par des procédés séculaires, nous exprimons de fleurs fragiles ces huiles essentielles qui parlent à nos sens, nous arrachons à la vie la précieuse essence qui, pareille à la légendaire fontaine magique, est censée nous donner la jeunesse. Le langage du parfum est riche en couleurs, il échappe à toute description. L'intellect n'y saurait suffire, seuls exemples et associations d'idées permettent de dire le parfum. Qui saurait mieux décrire la fugacité d'une perception sensorielle que la forme du contenant qui recèle son mystère ? Le flacon, symbole précieux de la composition odorante, est sans nul doute une part importante de l'idée et le vecteur du message non verbal. Est-ce la raison pour laquelle il est si difficile de se défaire d'un flacon vide ? Le souvenir de la fragrance évanouie est trop vivace, souvent le flacon en porte encore l'empreinte. Le parfum peut être réminiscence suscitée par l'expérience sensorielle, surgissant en une fraction de seconde des profondeurs du subconscient pour sombrer ensuite dans la douce certitude de l'oubli. Désirons-nous conserver les sentiments, comme nous emprisonnons les fragrances dans une solution alcoolique ? Avons-nous peur de la finitude de notre existence, et la certitude d'être mortels nous entraîne-t-elle à sauvegarder le symbole d'une perception éphémère ?

Le parfum a toujours été un luxe. Le fait que ce produit en fait superflu ait une telle valeur dans notre société ne semble déranger personne. L'omniprésence des parfums artificiels s'est encore accentuée au cours des dernières décennies. Il n'est pratiquement pas un seul produit qui ne cherche à se distinguer de son environnement par sa propre signature parfumée. L'inflation des fragrances, produits des intentions manipulatrices des stratèges de la vente, émousse trop facilement nos sens et nous rend moins réceptifs aux compositions artistiques des virtuoses de la parfumerie. Aux premiers changements du statu quo social et culturel, on aime à prédire - prématurément - le déclin de l'Occident. Mais la fascination qu'exerce un parfum sur l'esprit humain ne passera jamais. C'est chose certaine. Les flacons eux-mêmes, dans toute leur variété, témoigneront longtemps encore de la fantaisie et de l'imagination de l'être humain. Même la monotonie galopante de notre environnement n'y pourra rien changer. Chaque jour, l'être humain tente de modeler son environnement et de se créer un monde parfait. Quoi de plus naturel que de laisser, sur la planète bleue, une trace parfumée, comme on laisse l'empreinte de son pied dans la neige fraîche ? Pour couronner notre création quasi-divine, nous donnons à cette manifestation fugace de notre existence une apparence - un précieux flacon - qui porte durablement témoignage de l'acte créateur.

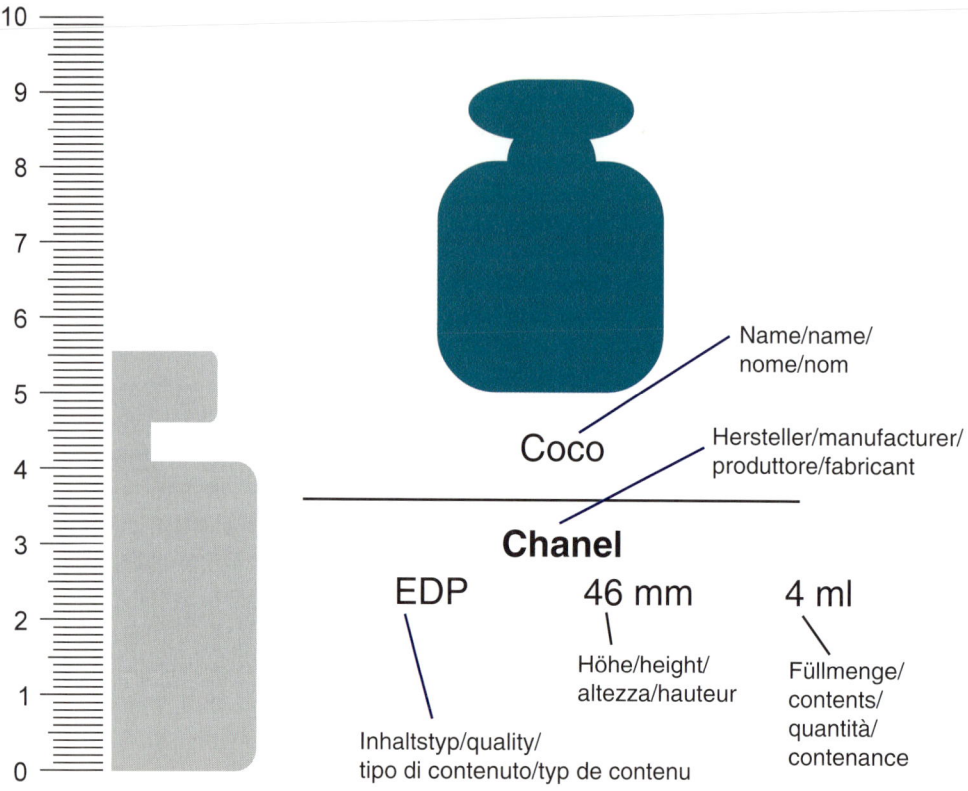

10
9
8
7
6
5
4
3
2
1
0

**Coco**

Name/name/
nome/nom

Hersteller/manufacturer/
produttore/fabricant

**Chanel**

EDP　　46 mm　　4 ml

Höhe/height/
altezza/hauteur

Füllmenge/
contents/
quantità/
contenance

Inhaltstyp/quality/
tipo di contenuto/typ de contenu

## Inhaltstypen/qualities
## tipi di contenuto/types de contenus

| | |
|---|---|
| AS ....... After Shave / Après Rasage | L .......... Lotion |
| ASB ..... After Shave Balm | LP ........ Lotion Parfumée |
| ASE ..... After Shave Emulsion | MO ...... Musk Oil |
| ASL ..... After Shave Lotion | NM ...... Night Musk |
| C ......... Cologne | P .......... Parfum |
| DL ....... Deodorant Lotion | PdT ..... Parfum de Toilette |
| EdB ..... Eau de Brut | Po ........ Perfume on |
| EdC ..... Eau de Cologne | PS ....... Pre Shave / Avant Rasage |
| EDL ..... Eau de Lavande | PX ....... Parfum Extrait |
| EdP ..... Eau de Parfum | S .......... Spray |
| EDS ..... Eau de Sport | SdP ..... Soir de Parfum |
| EdT ..... Eau de Toilette / Toilet Water | SF ....... Silkening Fragrance |
| EF ....... Eau Fraîche / Body Freshner | SL ........ Skin Lotion |
| EP ....... Extraordinary Parfum | SS ....... Skinsent |
| EsdP ... Esprit de Parfum | SW ...... Schönheits Wasser |
| ET ....... Eau Tonic | TL ........ Toilet Lotion |
| FR ....... Fragrance Relaxante | VdP ..... Voile de Parfum |
| FM ....... Flower Mist | X .......... Extrait |
| HdP ..... Huile der Parfum / Perfume Oil | XdL ...... Extrait de Lavin |

# Inhalt - Contents
# Indice - Contenu

Classic

Sets

New Minis

Jewelry

# Albret, Jean de

Casaque
Albret, Jean de
P        51 mm

Casaque
Albret, Jean de
P        60 mm

Ecusson
Albret, Jean de
EdC      45 mm        4 ml

Ecusson
Albret, Jean de
P        39 mm

Ecusson
Albret, Jean de
P        38 mm

Ecusson
Albret, Jean de
P        39 mm

Ecusson
Albret, Jean de
P        39 mm

Devastating
Anjou
P        52 mm        3,5 ml

Blue Grass
Arden, Elizabeth
45 mm        3,5 ml

Blue Grass
Arden, Elizabeth
P    46 mm    3,5 ml

Blue Grass
Arden, Elizabeth
P    45 mm    3,5 ml

Blue Grass
Arden, Elizabeth
P    47 mm    5 ml

Memoire Cherie
Arden, Elizabeth
P    42 mm    1,5 ml

My Love
Arden, Elizabeth
P    41 mm

On Dit
Arden, Elizabeth
P    50 mm    4,5 ml

Valencia
Arden, Elizabeth
P    42 mm    1,5 ml

Violet Essence
Arden, Elizabeth
P    49 mm    2 ml

White Orchid
Arden, Elizabeth
EdT    70 mm    8 ml

Des Heures
Ayer, Harriet Hubbard
P        55 mm

Honeysuckle
Ayer, Harriet Hubbard
P        67 mm

Honeysuckle
Ayer, Harriet Hubbard
P        67 mm

Pink Clover
Ayer, Harriet Hubbard
P        60 mm        7 ml

Pink Clover
Ayer, Harriet Hubbard
P        66 mm        7 ml

Fireworks
Bergdorf Goodman
33 mm

Miss Bergdorf
Bergdorf Goodman
33 mm

Nandi
Bergdorf Goodman
33 mm

Caravane
Bienaime
P        38 mm

# Bourjois

Beau Belle
Bourjois
P       53 mm

Christmas in July
Bourjois
P       41 mm

Courage
Bourjois
58 mm

Evening in Paris
Bourjois
P     80 mm      4 ml

Evening in Paris
Bourjois
P     81 mm      4 ml

Evening in Paris
Bourjois
P       43 mm

Evening in Paris
Bourjois
P       41 mm

Evening in Paris
Bourjois
P       58 mm

Evening in Paris
Bourjois
C       55 mm

# Bourjois

Evening in Paris
Bourjois
P    79 mm    6 ml

Evening in Paris
Bourjois
75 mm    3 ml

Evening in Paris
Bourjois
EdT    85 mm    7 ml

Evening in Paris
Bourjois
P    54 mm

Evening in Paris
Bourjois
P    49 mm

Evening in Paris
Bourjois
P    50 mm

Evening in Paris
Bourjois
P    55 mm

Evening in Paris
Bourjois
P    59 mm

Evening in Paris
Bourjois
EdT    49 mm

Evening in Paris
Bourjois
EdT        57 mm

Evening in Paris
Bourjois
EdT        58 mm

Evening in Paris
Bourjois
EdT        50 mm

Evening in Paris
Bourjois
EdC        55 mm

Evening in Paris
Bourjois
EdC        58 mm

Evening in Paris
Bourjois
EdC        57 mm

Evening in Paris
Bourjois
P          59 mm

French Lace
Bourjois
EdT        59 mm

Karess
Bourjois
P          74 mm

Kobako
Bourjois
P      64 mm

Mais Oui
Bourjois
EdT      53 mm      5 ml

Mais Oui
Bourjois
P      35 mm

Mais Oui
Bourjois
P      45 mm

Moon Tide
Bourjois
P      43 mm

On the Wind
Bourjois
P      43 mm

On the Wind
Bourjois
P      35 mm

On the Wind
Bourjois
P      35 mm

Premier Muguet
Bourjois
P      60 mm      6 ml

# Bourjois

Ramage
Bourjois
P       59 mm       4 ml

Roman Holiday
Bourjois
P       43 mm

Roman Holiday
Bourjois
EdC     45 mm

Soir de Paris
Bourjois
P       69 mm       3,5 ml

Soir de Paris
Bourjois
P       31 mm       1 ml

Soir de Paris
Bourjois
P       59 mm

Springtime in Paris
Bourjois
P       43 mm

Springtime in Paris
Bourjois
P       43 mm

Springtime in Paris
Bourjois
P       81 mm

a' Gogo
Carnegie, Hattie
P    36 mm     2,5 ml

Golden Lotus
Carnegie, Hattie
P    55 mm

Hypnotic
Carnegie, Hattie
P    48 mm     5,5 ml

Pink
Carnegie, Hattie
P    36 mm     2,5 ml

Carnegie, Hattie
P    57 mm

Bellodgia
Caron
EdC    46 mm

Bellodgia
Caron
P    28 mm

Bellodgia
Caron
X    50 mm

Bellodgia
Caron
63 mm

# Caron

Bellodgia
Caron

P        33 mm

La Nuit de Noel
Caron

P        52 mm

La Nuit de Noel
Caron

63 mm

La Nuit de Noel
Caron

EdT      66 mm        7 ml

Le Muguet du Bonheur
Caron

63 mm

Muguet
Caron

X        50 mm

Muguet du Bonheur
Caron

EdC      46 mm

Narcisse
Caron

X        44 mm

Pois de Senteur
Caron

63 mm

# Chanel

| Cuir de Russie | Cuir de Russie | Cuir de Russie |
|---|---|---|
| Chanel | Chanel | Chanel |
| P    35 mm    1 ml | P    28 mm    1,5 ml | EdT    50 mm |

| Cuir de Russie | Gardenia | Gardenia |
|---|---|---|
| Chanel | Chanel | Chanel |
| P    60 mm | P    35 mm    1 ml | P    57 mm    5,6 ml |

| Jasmin | Jasmin | N° 22 |
|---|---|---|
| Chanel | Chanel | Chanel |
| P    60 mm | P    60 mm | P    29 mm    1,5 ml |

# Chanel

N° 22
Chanel
P        56 mm

N° 22
Chanel
P        60 mm

N° 5
Chanel
P        35 mm        1 ml

N° 5
Chanel
P        28 mm        3 ml

N° 5
Chanel
X        60 mm

N° 5
Chanel
P        60 mm

Pour Monsieur
Chanel
EdC        45 mm

April Showers
Cheramy
EdT        49 mm

April Showers
Cheramy
EdT        54 mm        7 ml

April Showers
Cheramy
59 mm        7 ml   EdT

Cappi
Cheramy
49 mm        P

Cappi
Cheramy
45 mm

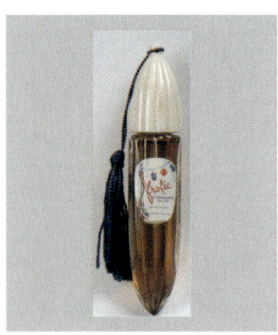

Frolic
Cheramy
P        87 mm        6 ml   X

Muguet
Cheramy
51 mm

Carnation
Chess, Mary
P        40 mm

Gardenia
Chess, Mary
P        43 mm        3,5 ml   P

Song
Chess, Mary
51 mm        P

Tapestry
Chess, Mary
43 mm

Tapestry
Chess, Mary
P    51 mm

Acclaim
Ciro
P    51 mm

Danger
Ciro
P    46 mm

New Horizons
Ciro
P    37 mm    4,5 ml

Oh la la
Ciro
P    56 mm

Oh la la
Ciro
P    35 mm

Reflexions
Ciro
P    46 mm

Reflexions
Ciro
P    72 mm

Reflexions
Ciro
P    42 mm

Reflexions
Ciro
P     32 mm          2 ml

Ricochet
Ciro
EdT    44 mm          5 ml

Surrender
Ciro
P     46 mm          5 ml

Cashmere Bouquet
Colgate
P     54 mm

Cashmere Bouquet
Colgate
P     36 mm

Cashmere Bouquet
Colgate
EdT    63 mm

Cashmere Bouquet
Colgate
X     48 mm

Cashmere Bouquet
Colgate
P     36 mm          1,5 ml

Cashmere Bouquet
Colgate
P     35 mm          1,5 ml

Dactylis
Colgate
35 mm          1,5 ml   P

Florient
Colgate
35 mm                   P

Florient
Colgate
54 mm

Florient
Colgate
35 mm          1,5 ml   EdT

Heliotrope
Colgate
54 mm                   X

La France Rose
Colgate
46 mm

La France Rose
Colgate
X        42 mm

La France Rose
Colgate
X        47 mm

La France Rose
Colgate
EdT      63 mm

# Colgate

Lily of the Valley
Colgate
P     53 mm

Monad Violet
Colgate
P     47 mm

Monad Violet
Colgate
X     42 mm

Seventeen
Colgate
P     35 mm     1,5 ml

Violet Water
Colgate
EdT     58 mm

Ylang Ylang
Colgate
EdT     53 mm

Fame
Corday
P     34 mm

Fame
Corday
P     37 mm

Fame
Corday
P     55 mm

Fame
Corday
P       48 mm       3,5 ml

Fame
Corday
P       46 mm

Fame
Corday
P       44 mm

Jet
Corday
P       46 mm

Jet
Corday
P       42 mm

Jet
Corday
P       46 mm

Jet
Corday
P       44 mm

Jet
Corday
P       52 mm

L'heure romantique
Corday
P       42 mm

Orchidée Bleue
Corday
P    37 mm

Orchidée Bleue
Corday
P    47 mm

Orchidée Bleue
Corday
P    37 mm        3,5 ml

Possession
Corday
P    43 mm

Toujour toi
Corday
P    47 mm

Toujour toi
Corday
P    36 mm

Toujour toi
Corday
P    34 mm

Toujours moi
Corday
P    42 mm

Toujours moi
Corday
P    40 mm

# Corday

Toujours moi
Corday
P   37 mm

Toujours moi
Corday
P   42 mm

Toujours moi
Corday
32 mm

Toujours moi
Corday
P   46 mm

Violette
Corday
P   44 mm

Zigane
Corday
P   52 mm

Opéra de Paris
Coryse Salomé
P   38 mm   3 ml

A'Suma
Coty
P   48 mm   3,5 ml

A'Suma
Coty
P   36 mm

# Coty

Chypre
Coty
P    48 mm

Chypre
Coty
EdT    50 mm

Emeraude
Coty
P    65 mm    10 ml

Emeraude
Coty
42 mm

Emeraude
Coty
P    27 mm    1 ml

Imprévu
Coty
EdT    50 mm    6 ml

Jasmin de Corse
Coty
P    45 mm

L'Aimant
Coty
42 mm

L'Aimant
Coty
P    50 mm

# Coty

L'Origan
Coty
P      50 mm

L'Origan
Coty
P      45 mm

L'Origan
Coty
EdT     50 mm

L'Origan
Coty
EdT     47 mm

L'Origan
Coty
53 mm      3,6 ml

L'Origan
Coty
P      27 mm      1 ml

Meteor
Coty
P      55 mm

Muguet
Coty
EdT     55 mm

Muse
Coty
P      42 mm

# Coty

Paris
Coty
EdT    54 mm    5 ml

Paris
Coty
55 mm

Paris
Coty
EdT    36 mm

Paris
Coty
EdT    46 mm

Paris
Coty
EdT    51 mm

Dachelle
Dache, Lilly
P    46 mm    1,7 ml

Dachelle
Dache, Lilly
P    46 mm    1,7 ml

20 Carats
Dana
EdP    40 mm    4 ml

20 Carats
Dana
P    41 mm

# Dana

Ambush
Dana
EdC     40 mm          4 ml

Ambush
Dana
C     40 mm          4 ml

Bon Voyage
Dana
P     29 mm          1 ml

Bon Voyage
Dana
P     44 mm

Eau de Verveine
Dana
39 mm          4 ml

Emir
Dana
39 mm          4 ml

Emir
Dana
43 mm

Ramillete de Novia
Dana
63 mm

Tabu
Dana
P     59 mm

# Desprez, Jean

Bal a Versailles
Desprez, Jean
P    48 mm    4 ml

Diorama
Dior
P    23 mm    1 ml

Diorama
Dior
P    30 mm    1 ml

Diorama
Dior
P    40 mm    3 ml

Diorissimo
Dior
EdT    40 mm

Diorissimo
Dior
P    40 mm    3 ml

Diorling
Dior
P    31 mm    1 ml

Diorling
Dior
P    40 mm    3 ml

Miss Dior
Dior
P    23 mm    1 ml

Miss Dior
Dior
Edt    38 mm

Miss Dior
Dior
60 mm

Miss Dior
Dior
P    29 mm    1 ml

Arome 3
D'Orsay
P    37 mm

Chevalier
D'Orsay
P    42 mm    3,5 ml

Comtesse
D'Orsay
P    42 mm    3,5 ml

Divine
D'Orsay
P    33 mm    2 ml

Eau de Cologne D'Orsay
D'Orsay
EdC    40 mm

Etiquette Bleue
D'Orsay
EdC    53 mm    5 ml

# D'Orsay

Intoxication
D'Orsay
P     58 mm

Intoxication
D'Orsay
P     40 mm

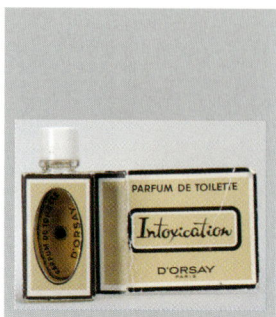

Intoxication
D'Orsay
P     64 mm

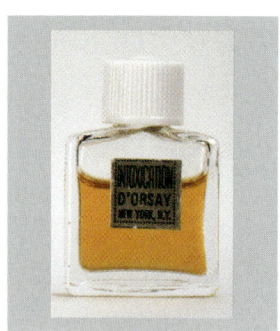

Intoxication
D'Orsay
P     33 mm          2 ml

Le Dandy
D'Orsay
P     56 mm          8 ml

Le Dandy
D'Orsay
P     32 mm          1,5 ml

Le Dandy
D'Orsay
P     38 mm

Le Dandy
D'Orsay
P     57 mm

Le Dandy
D'Orsay
P     53 mm

# D'Orsay

Le Dandy
D'Orsay
P       49 mm

Milord
D'Orsay
P       64 mm

Trophée
D'Orsay
P       59 mm

Voulez-Vous
D'Orsay
P       55 mm       8 ml

Voulez-Vous
D'Orsay
EdT     75 mm       7 ml

Voulez-Vous
D'Orsay
P       32 mm       2 ml

Voulez-Vous
D'Orsay
P       31 mm       1,5 ml

Voulez-Vous
D'Orsay
P       33 mm       2 ml

Voulez-Vous
D'Orsay
P       39 mm       2,5 ml

# D'Orsay

### Voulez-Vous
D'Orsay

P     39 mm          1,5 ml

### Veilchen
Dralle

P     59 mm          4 ml

### Aphrodisia
Fabergé

P     83 mm          5 ml

### Aphrodisia
Fabergé

P     36 mm          1,5 ml

### Strawhat
Fabergé

P     31 mm          1,5 ml

### Strawhat
Fabergé

P     53 mm          1,5 ml

### Tigress
Fabergé

C     51 mm          3,6 ml

### Tigress
Fabergé

P     38 mm          2,5 ml

### Woodhoe
Fabergé

P     59 mm          1,5 ml

Canasta
Fath
P 60 mm 4 ml

Canasta
Fath
P 39 mm

Fath de Fath
Fath
P 60 mm 4 ml

Fath de Fath
Fath
P 47 mm 4 ml

Fath de Fath
Fath
49 mm

Fath de Fath
Fath
P 39 mm

Fath's Love
Fath
P 60 mm

Fath's Love
Fath
P 39 mm

Iris Gris
Fath
P 39 mm

# Forvil

5 Fleurs
Forvil
P    34 mm    3 ml

Hyménée
Forvil
P    61 mm    4 ml

Les Yeux Doux
Forvil
P    65 mm

Muguet
Forvil
P    66 mm

Poeme
Forvil
P    73 mm    7 ml

Belle de nuit
Fragonard
P    49 mm    7 ml

Belle de nuit
Fragonard
P    50 mm    7 ml

Pois de Senteur
Fragonard
P    52 mm

Brumes
Galion, le
P    24 mm    1 ml

# Galion, le

Gardenia
Galion, le

P 65 mm

Lily of the Valley
Galion, le

P 34 mm

Snob
Galion, le

P 23 mm 1 ml

Sortilège
Galion, le

P 37 mm

Sortilège
Galion, le

P 34 mm

Sortilège
Galion, le

P 23 mm 1 ml

Sortilège
Galion, le

X 23 mm 1 ml

Carnation
Gourielli

EdP 62 mm

Daphne
Gourielli

EdP 62 mm

Five o' clock
Gourielli
Edp    38 mm

Five o' clock
Gourielli
49 mm

Heart Vilet
Gourielli
EdP    62 mm

Jasmine
Gourielli
EdP    62 mm

June Rose
Gourielli
EdP    62 mm

Lily of the Valley
Gourielli
EdP    62 mm

Narcissus
Gourielli
EdP    62 mm

Spring Lilac
Gourielli
EdP    62 mm

Star Aster
Gourielli
EdP    62 mm

White Gardenia
Gourielli
EdP 62 mm

Gardenia
Goya
P 35 mm

N° 21
Goya
P 48 mm

N° 21
Goya
P 43 mm

Passport
Goya
P 43 mm

Pink Mimosa
Goya
P 24 mm 0,5 ml

Piquant
Goya
P 56 mm 2 ml

Vibration
Goya
P 35 mm

Golden Orchid
Gray, Dorothy
C 51 mm 3,5 ml

Indigo
Gray, Dorothy
P    38 mm

Nosegay
Gray, Dorothy
P    53 mm    3,5 ml

Nosegay/Night Drums
Gray, Dorothy
P    63 mm    2x1,5 ml

Wedgwood
Gray, Dorothy
P    63 mm    7 ml

Cypria
Grenoville
P    54 mm

Fougère
Grenoville
P    54 mm

Oeillet Fané
Grenoville
54 mm

Piege
Grenoville
54 mm

Enthousiasme
Griffe, Jacques
EdT    55 mm    4 ml

# Houbigant

Chantilly
Houbigant
P        41 mm

Chantilly
Houbigant
EdP      62 mm

Chantilly
Houbigant
P        41 mm

Chantilly
Houbigant
P        52 mm

Chantilly
Houbigant
P        60 mm

Lilac
Houbigant
P        46 mm        4 ml

Parfum Ideal
Houbigant
P        55 mm        5,5 ml

Premier Mai
Houbigant
P        45 mm

Premier Mai
Houbigant
P        41 mm

# Houbigant

Premier Mai
Houbigant
P    55 mm    5,5 ml

Prèsence
Houbigant
P    60 mm

Quelques Fleurs
Houbigant
Edt    41 mm

Quelques Fleurs
Houbigant
P    60 mm

Quelques Fleurs
Houbigant
P    61 mm

Transparence
Houbigant
P    42 mm

Transparence
Houbigant
P    60 mm

Carnation
House of Tre-Jur
P    46 mm

Carnation
House of Tre-Jur
P    36 mm    3 ml

# House of Tre-Jur

Gardenia
House of Tre-Jur
P    36 mm    3 ml

Lilac
House of Tre-Jur
P    53 mm

Lilac
House of Tre-Jur
P    37 mm    3 ml

Suivez moi
House of Tre-Jur
P    63 mm

Du Barry
Hudnut
P    57 mm    3,5 ml

Du Barry
Hudnut
P    55 mm    3,5 ml

Gemey
Hudnut
P    59 mm    8 ml

Gemey
Hudnut
P    60 mm    3,5 ml

Gemey
Hudnut
P    39 mm

Le Debut Bleu
Hudnut
P 34 mm

Le Debut Noir
Hudnut
P 35 mm

RSVP
Hudnut
X 41 mm

RSVP
Hudnut
P 37 mm

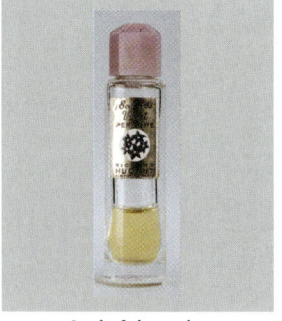

Soul of the violet
Hudnut
P 60 mm 3,5 ml

Three Flowers
Hudnut
P 34 mm 2 ml

Three Flowers
Hudnut
P 36 mm 3 ml

Three Flowers
Hudnut
P 37 mm ml

Three Flowers
Hudnut
P 54 mm

# Hudnut

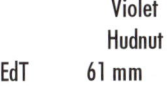

**Violet**
Hudnut
EdT 61 mm

**Yanky Clover**
Hudnut
EdT 55 mm 4 ml

**Yanky Clover**
Hudnut
EdT 50 mm 3,5 ml

**Yanky Clover**
Hudnut
P 64 mm 3,5 ml

**Yanky Clover**
Hudnut
EdT 59 mm

**Chypre**
Ivel
EdT 50 mm 8 ml

**Patra**
Kleiner
EdT 42 mm 4 ml

**Envol**
Lancôme
EdT 43 mm 3 ml

**Spice**
Lander
104 mm 10 ml

Cara Nome
Langlois
P    59 mm    3,6 ml

Cara Nome
Langlois
P    60 mm    3,6 ml

Cara Nome
Langlois
P    53 mm

Cara Nome
Langlois
P    61 mm

Fair Warning
Langlois
P    53 mm

Shari
Langlois
P    60 mm

Heart Beat
Leigh, Vivian
P    36 mm    1,5 ml

Poetic Dream
Leigh, Vivian
P    36 mm    1,5 ml

Risqué
Leigh, Vivian
P    36 mm    1,5 ml

# Lelong, Lucien

**B**
Lelong, Lucien
P     49 mm

**Balalaika**
Lelong, Lucien
P     33 mm     2 ml

**Balalaika**
Lelong, Lucien
C     67 mm     7 ml

**Cachet**
Lelong, Lucien
P     50 mm     3,5 ml

**Carefree**
Lelong, Lucien
P     47 mm     3,5 ml

**Elle-Elle**
Lelong, Lucien
P     59 mm

**Gardenia**
Lelong, Lucien
P     45 mm

**Indiscret**
Lelong, Lucien
P     38 mm

**Indiscret**
Lelong, Lucien
P     39 mm

Indiscret
Lelong, Lucien
P        31 mm        2 ml

Indiscret
Lelong, Lucien
P        33 mm        2 ml

Indiscret
Lelong, Lucien
P        32 mm        2 ml

Indiscret
Lelong, Lucien
P        33 mm        2 ml

Indiscret
Lelong, Lucien
P        33 mm        2 ml

Indiscret
Lelong, Lucien
C        69 mm        7 ml

Indiscret
Lelong, Lucien
C        68 mm        7 ml

Jabot
Lelong, Lucien
P        54 mm

Jabot
Lelong, Lucien
P        49 mm

# Lelong, Lucien

Joli Bouquet
Lelong, Lucien
P          43 mm          3,5 ml

Magnolia
Lelong, Lucien
P          53 mm

Mon Image
Lelong, Lucien
P          41 mm

Musk
Lelong, Lucien
Oil          67 mm          7 ml

N
Lelong, Lucien
P          50 mm

Orage
Lelong, Lucien
P          38 mm

Passionnement
Lelong, Lucien
P          50 mm          3,5 ml

Passionnement
Lelong, Lucien
P          30 mm          2 ml

Sirocco
Lelong, Lucien
P          56 mm

# Lelong, Lucien

Sirocco
Lelong, Lucien
P          50 mm          3,5 ml

Sirocco
Lelong, Lucien
C          68 mm          7 ml

Sirocco
Lelong, Lucien
C          69 mm          7 ml

Tailspin
Lelong, Lucien
P          33 mm          2 ml

Tailspin
Lelong, Lucien
C          68 mm          7 ml

12
Lenthéric
P          26 mm          1,5 ml

á bientôt
Lenthéric
P          52 mm          3,5 ml

Adam's Rib
Lenthéric
P          33 mm          2,5 ml

Anticipation
Lenthéric
P          57 mm

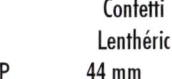

**Confetti**
Lenthéric
P    44 mm    3,5 ml

**Gardenia**
Lenthéric
P    44 mm    3,5 ml

**Miracle**
Lenthéric
P    62 mm

**Miracle**
Lenthéric
P    34 mm    3,5 ml

**Miracle**
Lenthéric
P    24 mm    1 ml

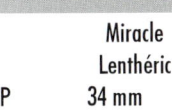

**Muguet**
Lenthéric
EdT    49 mm    5 ml

**On Hand**
Lenthéric
45 mm

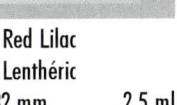

**Red Lilac**
Lenthéric
P    32 mm    2,5 ml

**Repartee**
Lenthéric
P    45 mm

Shanghai
Lenthéric

P    52 mm

Shanghai
Lenthéric

P    39 mm

Shanghai
Lenthéric

P    57 mm

Shanghai
Lenthéric

48 mm          7 ml

Shanghai
Lenthéric

P    54 mm

Tweed
Lenthéric

P    53 mm          7 ml

Tweed
Lenthéric

P    52 mm

Tweed
Lenthéric

P    57 mm

Tweed
Lenthéric

P    34 mm          1,5 ml

Tweed
Lenthéric
P     24 mm     1 ml

Tweed
Lenthéric
Edt     47 mm     ml

Tweed
Lenthéric
P     42 mm     3,5 ml

Rugiada di Bosco
Linetti
P     42 mm     7 ml

Gin Fizz
Lubin
EdT     70 mm     7 ml

Coup de Feu
Marquay
P     34 mm     2 ml

Coup de Feu
Marquay
P     35 mm

L'Elu
Marquay
P     35 mm

Prince Douka
Marquay
P     34 mm

# Matchabelli, Prince

Added Attraction
Matchabelli, Prince
P     42 mm     8 ml

Beloved
Matchabelli, Prince
P     38 mm     4 ml

Beloved
Matchabelli, Prince
P     47 mm     8 ml

Easter Lily
Matchabelli, Prince
P     33 mm     2 ml

Golden Autumn
Matchabelli, Prince
P     35 mm     2 ml

Golden Autumn
Matchabelli, Prince
P     34 mm     2 ml

Golden Autumn
Matchabelli, Prince
P     38 mm     4 ml

Infanta
Matchabelli, Prince
P     38 mm

Potpourri
Matchabelli, Prince
P     32 mm     3 ml

# Matchabelli, Prince

Princess Marie
Matchabelli, Prince
P        34 mm        3 ml

Princess Norina
Matchabelli, Prince
P        40 mm        8 ml

Prophecy
Matchabelli, Prince
P        33 mm        2 ml

Prophecy
Matchabelli, Prince
P        33 mm        2 ml

Spring Fancy
Matchabelli, Prince
C        65 mm        8 ml

Stradivari
Matchabelli, Prince
P        35 mm        3 ml

Wind Song
Matchabelli, Prince
P        35 mm        2 ml

Wind Song
Matchabelli, Prince
P        49 mm        8 ml

Crépe de Chine
Millot, F.
P        43 mm        7,5 ml

Crépe de Chine
Millot, F.
P          41 mm          7,5 ml

Crépe de Chine
Millot, F.
P          34 mm          4 ml

Crépe de Chine
Millot, F.
P          30 mm          2 ml

Crépe de Chine
Millot, F.
P          42 mm

Insolent
Millot, F.
P          40 mm

Habanita
Molinard
P          31 mm

Nirmala
Molinard
P          40 mm          5,4 ml

Rafale
Molinard
P          29 mm

Sketch
Molinard
EdT          47 mm

# Molinard

Sketch
Molinard
P      32 mm

Sketch
Molinard
P      32 mm

Sketch
Molinard
P      36 mm

Xmas Bells
Molinard
P      46 mm

Fête
Molyneux
EdT      42 mm      4 ml

Fête
Molyneux
P      52 mm

Le Numéro Cinq
Molyneux
P      67 mm

Le Numéro Cinq
Molyneux
P      34 mm

Le Numéro Cinq
Molyneux
P      38 mm

Le Numéro Cinq
Molyneux
PdT    48 mm

Le Parfum Connu
Molyneux
P    34 mm

Magnificence
Molyneux
P    34 mm

Rue Royale
Molyneux
P    45 mm

Vivre
Molyneux
EdT    59 mm    7 ml

Vivre
Molyneux
P    59 mm    7 ml

9x9
Paquin
P    33 mm

Ever After
Paquin
P    54 mm

Adventure
Park & Tilford
36 mm

Desire
Park & Tilford
37 mm

Faoen
Park & Tilford
38 mm

Gardenia
Park & Tilford
40 mm

Lilac
Park & Tilford
39 mm

N° 12
Park & Tilford
38 mm

N° 3
Park & Tilford
42 mm

Lasso
Patou, Jean
P        54 mm

Apropos
Pelier
P        40 mm        3 ml

Baghari
Piguet, Robert
P        36 mm        4 ml

Baghari
Piguet, Robert

EdT        59 mm        8 ml

Bandit
Piguet, Robert

P        33 mm        2 ml

Plaisier
Raphael

P        35 mm        2 ml

Réplique
Raphael

P        63 mm        8 ml

Réplique
Raphael

P        35 mm        2 ml

Réplique
Raphael

P        29 mm        2,5 ml

Carnet de Bal
Revillon

P        33 mm        1,5 ml

Carnet de Bal
Revillon

P        27 mm        2 ml

Detchema
Revillon

P        27 mm        2 ml

Detchema
Revillon
P   33 mm   1,5 ml

Eau fraiche
Revillon
P   27 mm   2 ml

Intimate
Revlon
P   33 mm   2,5 ml

Intimate
Revlon
P   34 mm   2,5 ml

Intimate
Revlon
Badeöl   46 mm   4 ml

Jontue
Revlon
P   56 mm   2,8 ml

Capricci
Ricci, Nina
EdT   51 mm   5 ml

Capricci
Ricci, Nina
P   58 mm

Coeur joie
Ricci, Nina
P   33 mm   2 ml

| | | |
|---|---|---|
| Coeur joie | Coeur joie | Coeur joie |
| Ricci, Nina | Ricci, Nina | Ricci, Nina |
| EdT 52 mm 5 ml | P 53 mm 5 ml | P 63 mm 7 ml |

| | | |
|---|---|---|
| Coeur joie | Coeur joie | Coeur joie |
| Ricci, Nina | Ricci, Nina | Ricci, Nina |
| P 96 mm | P 56 mm | P 33 mm 2 ml |

| | | |
|---|---|---|
| Fille d'Eve | Fille d'Eve | Fille d'Eve |
| Ricci, Nina | Ricci, Nina | Ricci, Nina |
| EdT 53 mm 5 ml | P 62 mm 7 ml | P 56/40 mm |

**Fille d'Eve**
Ricci, Nina
P        40 mm

**Fille d'Eve**
Ricci, Nina
P        40 mm

**L' Air du Temps**
Ricci, Nina
P        32 mm        3 ml

**L'Air du Temps**
Ricci, Nina
EdT        53 mm        5 ml

**L'Air du Temps**
Ricci, Nina
Badeöl        56 mm        7 ml

**Mademoiselle Ricci**
Ricci, Nina
EdT        54 mm        5 ml

**Un Air Embaumé**
Rigaud
P        33 mm        2,5 ml

**Talked about**
Rimmel
P        36 mm        2 ml

**Audace**
Rochas
P        28 mm        1 ml

# Rochas

Femme
Rochas

P     38 mm     1,5 ml

Femme
Rochas

56 mm

Madame Rochas
Rochas

P     37 mm     1,5 ml

Madame Rochas
Rochas

P     37 mm     1,5 ml

Moustache
Rochas

EdC     48 mm

Moustache
Rochas

AS     47 mm

Oeillet bleu
Roger & Gallet

P     62 mm     4,5 ml

Park Avenue
Ronni

P     62 mm     5 ml

Fleurs d'Elle
Rosenstein, Nettie

P     31 mm     1,5 ml

# Rosenstein, Nettie

Fleurs d'Elle
Rosenstein, Nettie
P        32 mm        1,5 ml

Fleurs d'Elle
Rosenstein, Nettie
P        37 mm        1 ml

Fleurs d'Elle
Rosenstein, Nettie
P        59 mm        3,5 ml

Fleurs d'Elle
Rosenstein, Nettie
P        59 mm        3,5 ml

Mlle Ghe
Rosenstein, Nettie
P        37 mm        1 ml

Odalisque
Rosenstein, Nettie
P        31 mm        1,5 ml

Odalisque
Rosenstein, Nettie
P        37 mm        1 ml

Odalisque
Rosenstein, Nettie
P        37 mm        1 ml

Odalisque
Rosenstein, Nettie
EdP        32 mm        1,5 ml

Odalisque
Rosenstein, Nettie
P     52 mm              5 ml

Tianne
Rosenstein, Nettie
P     31 mm            1,5 ml

Tianne
Rosenstein, Nettie
P     37 mm              1 ml

Apple Blossom
Rubinstein, Helena
P     41 mm            3,5 ml

Apple Blossom
Rubinstein, Helena
P     41 mm            3,5 ml

Apple Blossom
Rubinstein, Helena
P     41 mm            3,5 ml

Apple Blossom
Rubinstein, Helena
Edt   56 mm            3,7 ml

Apple Blossom
Rubinstein, Helena
C     45 mm            1,8 ml

Apple Blossom
Rubinstein, Helena
P     40 mm              3 ml

# Rubinstein, Helena

Country
Rubinstein, Helena
P    41 mm        3,5 ml

Emotion
Rubinstein, Helena
P    33 mm        2,5 ml

Heaven Sent
Rubinstein, Helena
P    36 mm        1,8 ml

Heaven Sent
Rubinstein, Helena
P    44 mm        1,8 ml

Heaven Sent
Rubinstein, Helena
P    39 mm        1,8 ml

Heaven Sent
Rubinstein, Helena
P    35 mm        1,8 ml

Heaven Sent
Rubinstein, Helena
P    41 mm        3,5 ml

Heaven Sent
Rubinstein, Helena
P    53 mm

Heaven Sent
Rubinstein, Helena
P    53 mm

Heaven Sent
Rubinstein, Helena
P     61 mm     6 ml

Heaven Sent
Rubinstein, Helena
P     36 mm     2,5 ml

Heaven Sent
Rubinstein, Helena
P     38 mm     3 ml

White Flame
Rubinstein, Helena
P     45 mm     4 ml

White Flame
Rubinstein, Helena
P     71 mm     3,8 ml

White Magnolia
Rubinstein, Helena
P     52 mm

Rudolph the Red-Nosed Reindeer
Rudolph Perfume
P     75 mm     3 ml

le Six
Schiaparelli
P     26 mm     1 ml

S
Schiaparelli
P     26 mm     1 ml

# Schiaparelli

Salut
Schiaparelli
P · · · 35 mm · · · 3,5 ml

Shocking
Schiaparelli
P · · · 26 mm · · · 1 ml

Shocking
Schiaparelli
P · · · 26 mm · · · 1 ml

Shocking
Schiaparelli
P · · · 49 mm · · · 4 ml

Succès Fou
Schiaparelli
P · · · 35 mm · · · ml

Zut
Schiaparelli
P · · · 50 mm

Cologne Schu
Schuberth
C · · · 54 mm

Coquillages
Schuberth
EdC · · · 55 mm · · · 4 ml

Schu
Schuberth
EdC · · · 55 mm · · · 4 ml

# Schuberth

Schu
Schuberth
54 mm

Desert Flower
Shulton
P    53 mm    3 ml

Friendships Garden
Shulton
EdT    56 mm    5 ml

Old Spice
Shulton
P    49 mm    3,5 ml

Old Spice
Shulton
P    36 mm    1,5 ml

Old Spice
Shulton
P    36 mm    1,5 ml

Incanto
Simonetta
P    47 mm    7 ml

Diam
Sterlé
P    34 mm    3 ml

Huit-Huit
Sterlé
P    35 mm    2,5 ml

# Sterlé

Huit-Huit
Sterlé
P          27 mm          1 ml

Huit-Huit
Sterlé
P          26 mm          1 ml

Monsieur
Sterlé
P          36 mm          2,5 ml

Tertio
Sterlé
P          35 mm          2,5 ml

Tertio
Sterlé
P          34 mm

Ecarlate de Suzy
Suzy
P          48 mm          3,5 ml

Ondine
Thierry, Suzanne
P          48 mm          1,5 ml

Ondine
Thierry, Suzanne
P          48 mm          1,5 ml

Ondine
Thierry, Suzanne
P          56 mm

# Thierry, Suzanne

Ondine
Thierry, Suzanne
P        75 mm

Ondine
Thierry, Suzanne
P        32 mm        2,5 ml

Radio Girl
Towey
P        51 mm        3 ml

Green Season
Tschechowa, Olga
EdC       55 mm        5 ml

Aluria
Vanderbilt, Lucretia
P        58 mm        3,5 ml

Golden Butterfly
Vanderbilt, Lucretia
P        36 mm

LV
Vanderbilt, Lucretia
P        45 mm        7 ml

LV
Vanderbilt, Lucretia
P        58 mm        3,5 ml

Vanderbilt, Lucretia
X        49 mm        7 ml

# Vanderbilt, Lucretia

Vanderbilt, Lucretia
X     45 mm     7 ml

Vanderbilt, Lucretia
X     45 mm     7 ml

Vanderbilt, Lucretia
P     59 mm     3,5 ml

Vanderbilt, Lucretia
P     58 mm

Vanderbilt, Lucretia
X     35 mm

Golliwogg
Vigny
P     59 mm

Golliwogg
Vigny
P     34 mm     2 ml

Golliwogg
Vigny
P     35 mm     2 ml

Heure Intime
Vigny
P     39 mm

# Vigny

Heure Intime
Vigny
P  35 mm  2 ml

Le Golliwogg
Vigny
EdT  62 mm  5 ml

Antilope
Weil
P  42 mm  2 ml

Zibeline
Weil
P  33 mm

Dans la nuit
Worth
P  46 mm

Dans la nuit
Worth
P  46 mm

Dans la nuit
Worth
P  35 mm  1,5 ml

Dans la nuit
Worth
P  45 mm

Imprudence
Worth
P  36 mm  1,5 ml

# Worth

Je reviens
Worth
P          52 mm          6 ml

Vers le jour
Worth
P          51 mm

Vers toi
Worth
P          41 mm

Bond Street
Yardley
C          65 mm

Bond Street
Yardley
P          35 mm

Bond Street
Yardley
P          30 mm          1 ml

Flair
Yardley
P          26 mm

Lavenesque
Yardley
P          36 mm

Desir du coeur
Ybry
X          65 mm          6 ml

Femme de Paris
Ybry
X          65 mm          6 ml

# Sets and Packing

*Display Guerlain* ▶

▲ *Lanvin*

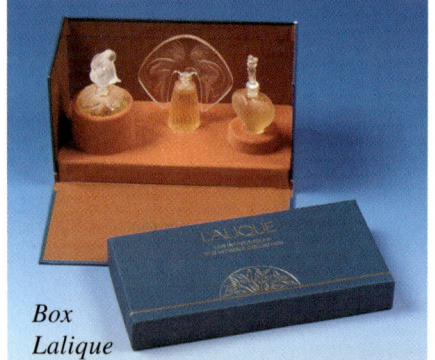

*Box
Lalique*

*Box
Les Parfums
de Paris*

*Avon Box
Jewel Collection*

*Devastating, Anjou*
*P / 52 mm / 3,5 ml*

*Violet Essence*
*Arden, Elizabeth*
*P / 49 mm / 2 ml*

*Forever Yours*
*Babs Creations*
*P / 76 mm*

*Tic Toc*
*Babs Creations*
*P / 95 mm*

*Yesteryear*
*Babs Creations*
*P / 105 mm*

◀ *Bourjois / P / 42 mm*

*Christmas in July* ▲
*Bourjois / Col / 41 mm*

*Kobako*
*Bourjois*
*P / 43 mm*

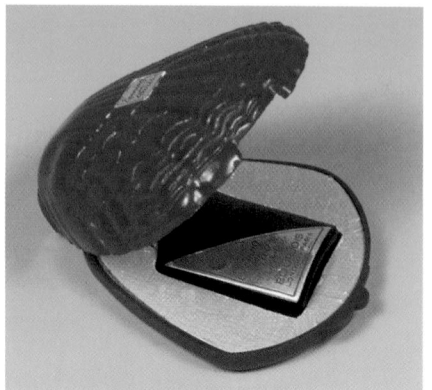

*Evening in Paris*
*Bourjois*
*P / 50 - 51 mm*

*Evening in Paris* ▶
*Bourjois*
*P / 50 - 51 mm*

*On the Wind*
*Bourjois*
*P/Col/Oil / 42 mm*

◄ *Perfume Parade*
*Bourjois*
*P / 46 mm*

*Ramage*
*Bourjois*
*P / 59 m*

*3er-Set*
*Cardinal*
*P / 39 mm / 3,5 ml* ▶

*Book of Perfume*
*Cardinal*
*P / 51 mm / 7 ml*
▼

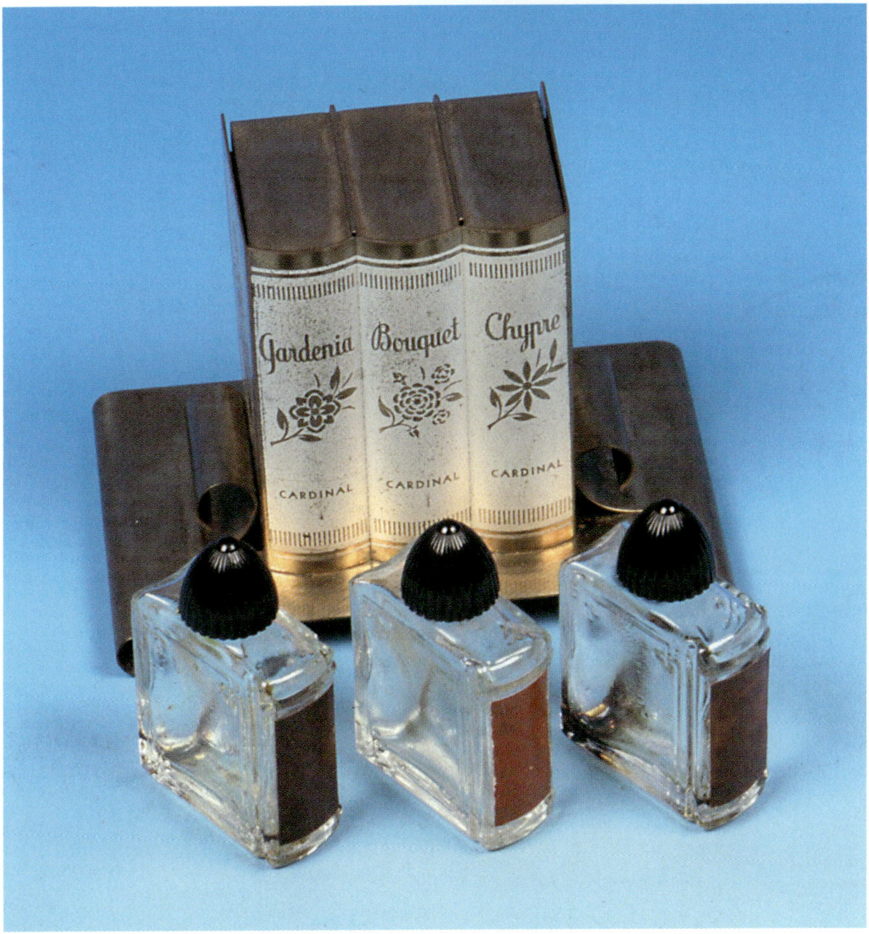

95

◀ *Bellodgia / Caron*
*P / 33 mm / 1,5 ml*

*Set*
*Chanel*
*P / 59 mm*

April Shower
*Cheramy*
*P / 58 mm / 7 ml*

▲

*Set*
*Chess, Mary*
*EdT    59 mm 7 ml*

▼

*Set*
◀ *Chess, Mary*
*P / 80 mm / 2,5 ml*

*Rainbow Sextette*
*Chess, Mary*
*P / 80 mm / 2,5 ml*
▼

▲
*Réflexions / Ciro /P / 32 mm / 2 ml*

*Set Ciro / 44 mm / 1,7 ml* ▶

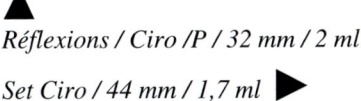

*Set* ▶
*Colgate*
*X*
*51 mm*

*Young*
*People's*
*Perfumes*
*Colgate*
*EdT*
*64 mm*

▼

*Rue de
la Paix*

*Corday
34 mm*
▶

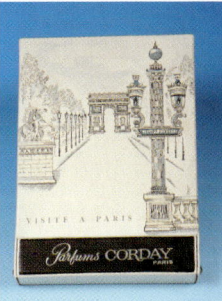

▲

*Corday*
◀ *3xP/3xEdT*
*45 mm*

▲

*Corday*
*P / 46 mm* ▶

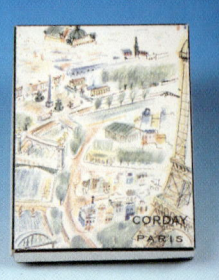

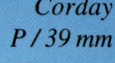

*Corday*
*P / 39 mm*

*Orchidée Bleue*
*Corday*
*P / 37 mm / 3,5 ml*

*le muguet*
*Corday*
*P / 42 mm / 7 ml*

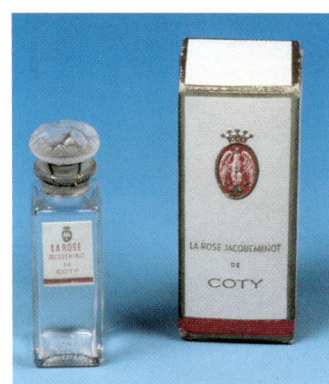

A'Suma / Coty
P / 59 mm
7,5 ml

La Rose Jacqueminot ▲
Coty / P / 59 mm / 7,5 ml

Coty
P / 43 mm / 7 ml ▼

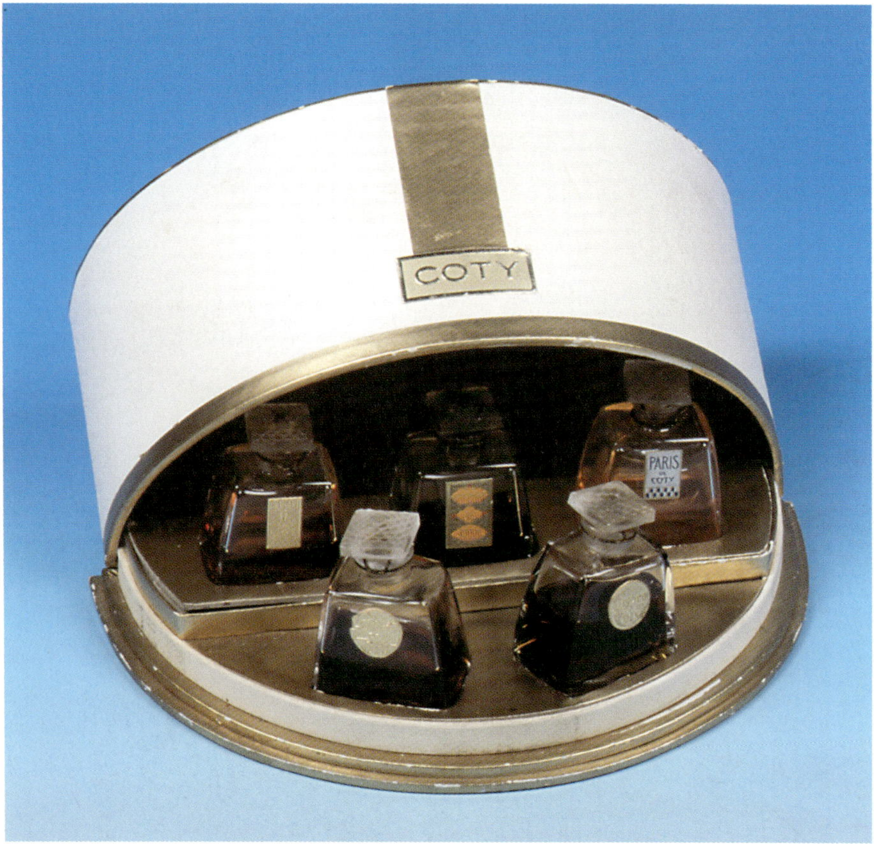

▼ *L'Origan / Coty / P / 42 mm / 3,5 ml*          ▲ *Coty / P / 40 mm / 1,2 ml*

*A'Suma / Coty / P / 48 mm / 3,5 ml*

◄ *L'Aimant / Coty*
*P / 49 mm / 3,5 ml*

*Coty / P / 50 mm / 3,6 ml*
▼

*Paris* ▲
*Coty*
*P / 43 mm / 3,5 ml*

*Emeraude / Coty*
*P / 58 mm / 9,5 ml* ▲

▼*Emeraude / Coty*
*P /54 mm*

◄ *L'Aimant / Coty*
*P / 49 mm /3,5 ml*

*Emeraude / Coty*
▲*P / 63 mm / 9,5 ml*

*Paris / Coty*
▼ *P / 64 mm*

*La Rose Jacqueminot / Coty*
*P / 43 mm / 7 ml*

*L'Aimant / Coty*
*P / 56 mm / 3,5 ml*

*L'Origan / Coty*
*P / 41 mm / 3,5 ml*

*L'Origan / Coty*
*P / 49 mm / 3,5 ml* ▶

▼ *Paris / Coty / X / 61 mm / 5 ml*

◀ *Styx / Coty*
*P / 52 mm / 3,5 ml*

▲ *Paris / Coty*
*P / 55 mm / 5 ml*

*Muguet des Bois*
*Coty*
*P / 56 mm / 7 ml*

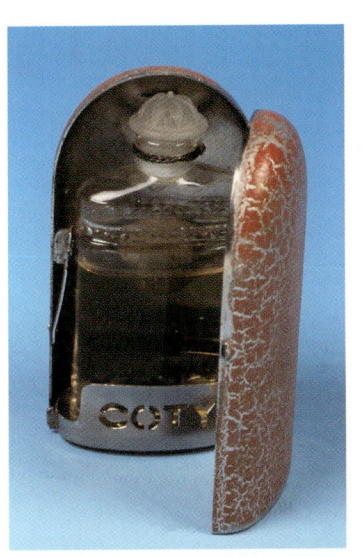

*L'Origan*
*Coty*
*P / 57 mm*

*Paris*
*Coty*
*P / 57 mm*

*L'Aimant*
*Coty*
*P / 57 mm*

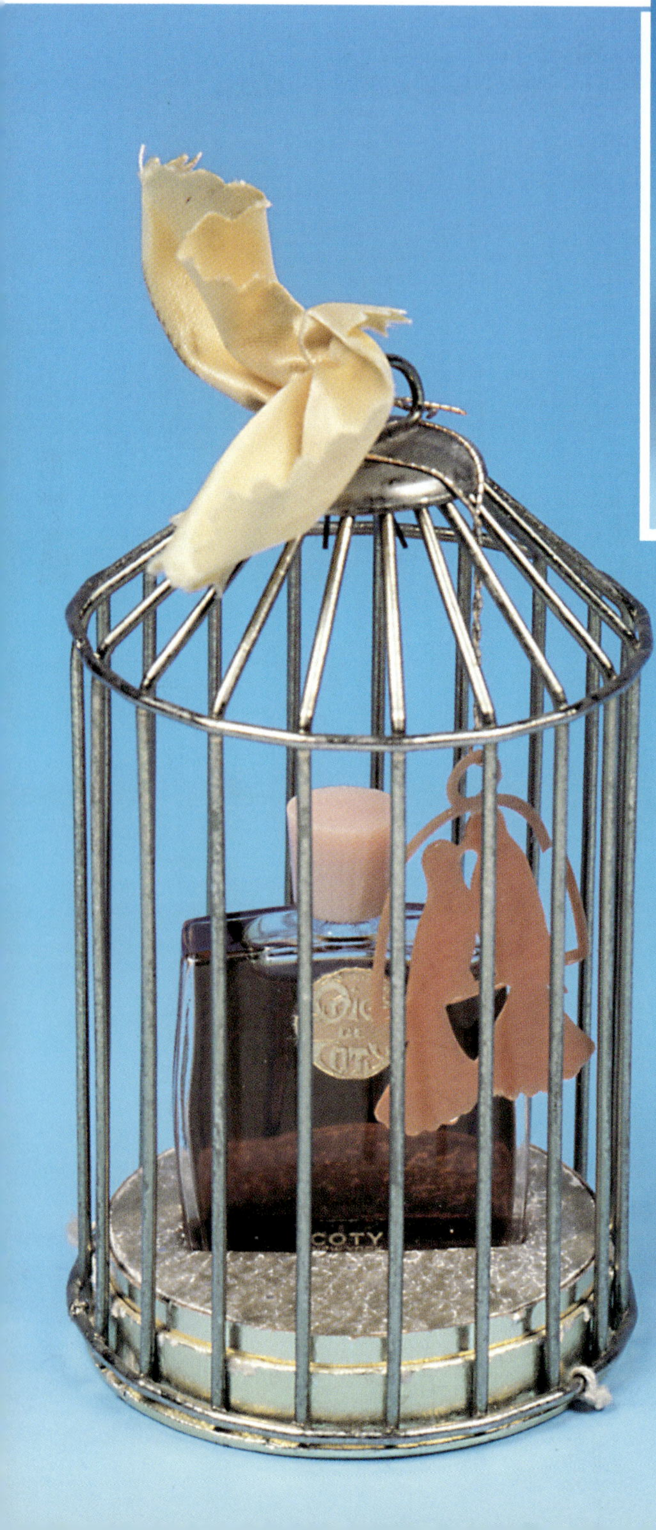

*Styx*
*Coty* ▲
*P / 43 mm / 7 ml*

◀ *L'Origan*
*Coty*
*P / 54 mm / 9,5 ml*

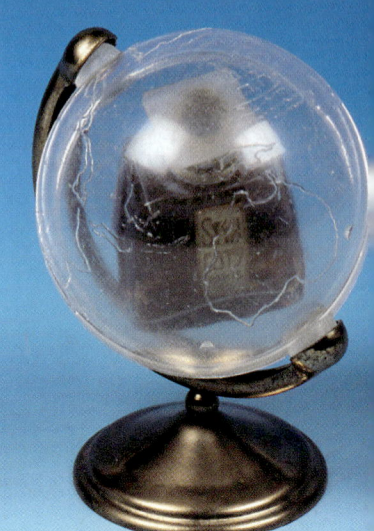

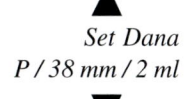

◀ *Bon voyage*
*Dana*
*P / 44 mm / 3,5 ml*

▲
*Set Dana*
*P / 38 mm / 2 ml*
▼

*Le Dandy*
*D'Orsay*
*P / 57 mm*

▲

*Diorissimo / Dior*
*P / 30 - 31 mm / 1 ml*

▲ *Dachelle / Daché, Lilly / P / 46 mm / 1,7 ml* ▲

*Primitif / Factor / P / 52 mm / 3,5 ml* ▶

▼ *Tigress / Fabergé / P / 37 mm*

*Five o'clock / Gourielli*
*P / 49 mm / 3,5 ml*

*Set Le Galion*
*P / 57 mm / 3,5 ml*

*Belle de nuit*
*Fragonard*
*P / 49 mm / 7 ml*

*Set Goya / P /42 mm* ▼

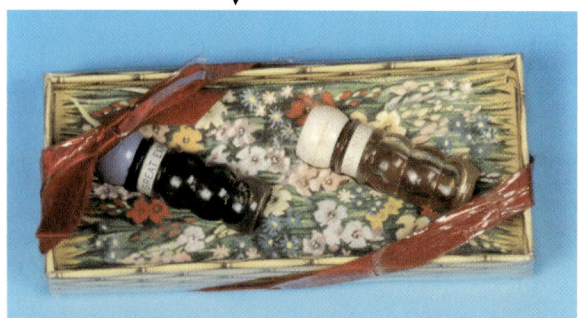

▼ *Passport*
*Goya / P / 43 mm*

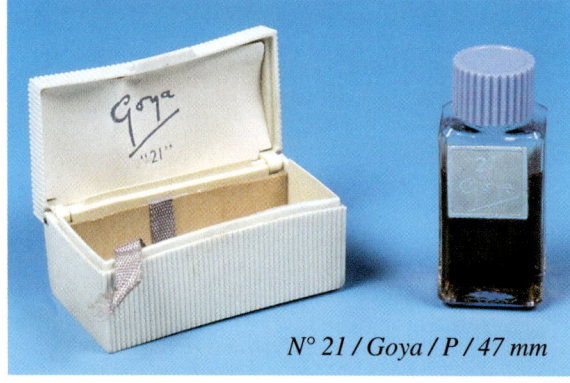

*N° 21 / Goya / P / 47 mm*

*OEillet Fané*
*Grenoville*
*P / 52 mm*

*Muguet d'Orly / Grenoville/P/52 mm*

*Violette / Grenoville / P / 52 mm*

*Lilac Time*
*Houbigant*
*P / 46 mm / 3,5 ml*

*Parfum Ideal*
*Houbigant*
*P / 54 mm / 5,5 ml*

*Premier mai*
*Houbigant*
*P / 54 mm / 5,5 ml*

▲

*Perfume Bar*
*House of Tre-Jur*
*P / 38 mm*

◄ *Three Flowers*
*Hudnut*
*P / 28 mm / 1 ml*

▼

117

*Ben Hur / Jergens*
*P / 51 mm / 7 ml*

*Ben Hur / Jergens / P / 59 mm / 7 ml* ▶

▼ *Spice / Lander /104 mm / 10 ml*

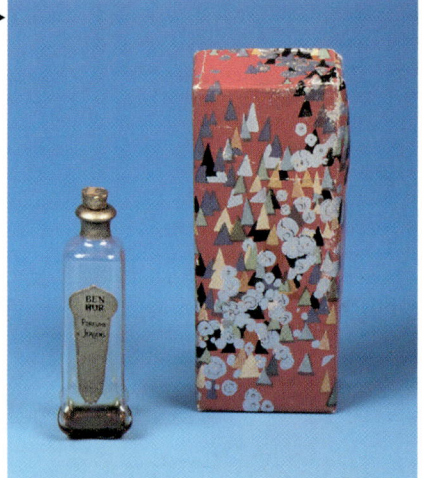

*Ben Hur / Jergens*
*P / 63 mm / 10 ml*

▲ *Castel / Lelong, Lucien / P / 59 mm*

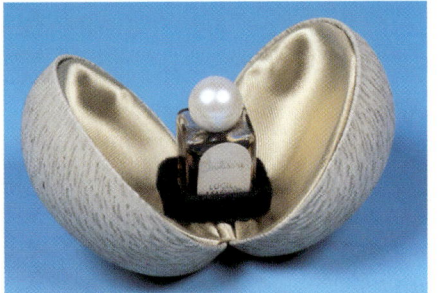

▲

*Indiscret / Lelong, Lucien*
*P / 30 mm / 1,5 ml*

*Set*
◄ *Lanvin*
*P / 60 mm*

*Set*
◄ *Lelong, Lucien*
*Col / 68 mm / 7 ml*

▲

*Set Lelong, Lucien / P / 46 mm*

*Set Lelong, Lucien*
*P / 52 mm / 3,5 ml*

▼

*Joli Petit
Lelong, Lucien
P / 31 mm / 1,5 ml* ▶

◀ *Penthouse
Lelong, Lucien
P / 53 mm*

*Penthouse
Lelong, Lucien
P / 43 mm*
▼

◀ *Petits Fours*
*Lelong, Lucien*
*P / 28 mm / 1,5 ml*

▲ *Bo...*
*Matchiabel...*

*The Royal Box* ▶
*Lelong, Lucien*
*50 mm  ml*

*Matchabelli*
*P / 44 mm / 7 ml*

*Matchabelli*
*Col / 64 mm / 7 ml*

*Hutbox*
*Matchabelli*
*P / 33 mm / 3,5 ml*

*Hutbox, Matchabelli, P / 33 mm / 3,5 ml*

*Hutbox*
*Matchabelli*
*P / 35 mm*
*1,5 ml*

*Hutbox*
*Matchabelli*
*P / 33 mm / 3,5 ml*

*Set*
*Matchabelli*
*P / 35 mm / 1,5 ml*

*Crown Jewel, Promotional 1952* ▲
*Chevrolet, Matchabelli, P / 34 mm*

◀ *Box Matchabelli*

*Set*
*Molinard* ▶
*P*
*31 mm*
*3,1 ml*

*Sketch*
*Molinard*
*P / 58 mm / 7,5 ml*

Sets

*Set*
*Patou*
*P / 56 mm*
◀

▲
*Set*
*Revillon*
*P / 40 mm*
◀

*Apple
Blossom*

*Helena
Rubinstein
P
41 mm
3,5 ml*
▶

*Heaven
Sent*

*Helena
Rubinstein
P / 38 mm /
3,5 ml*
▶

**Sets**

*Gallant / Saville* ▲
*P / 44 mm / 5 ml*

*Femme Rochas / 55 mm* ▶

*Perfume Trio*
*Rubinstein, Helena*
*P / 42 mm /3x3,5 ml*

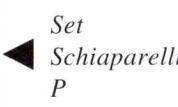

▲

◀ *Set*
*Schiaparelli*
*P*

*Schiaparelli* ◄ ▲
*P / 62 mm*

*le Six / Schiaparelli / P /*
*25 mm / 1 ml* ▼

*Shocking*
*Schiaparelli*
*P / 50 mm*

*Shocking*
*Schiaparelli*
*P / 50 mm / 4 ml*

*Schu*
*Schuberth*
*EdC / 54 mm*

*Desert Flower*
*Shulton*
*P / 53 mm*

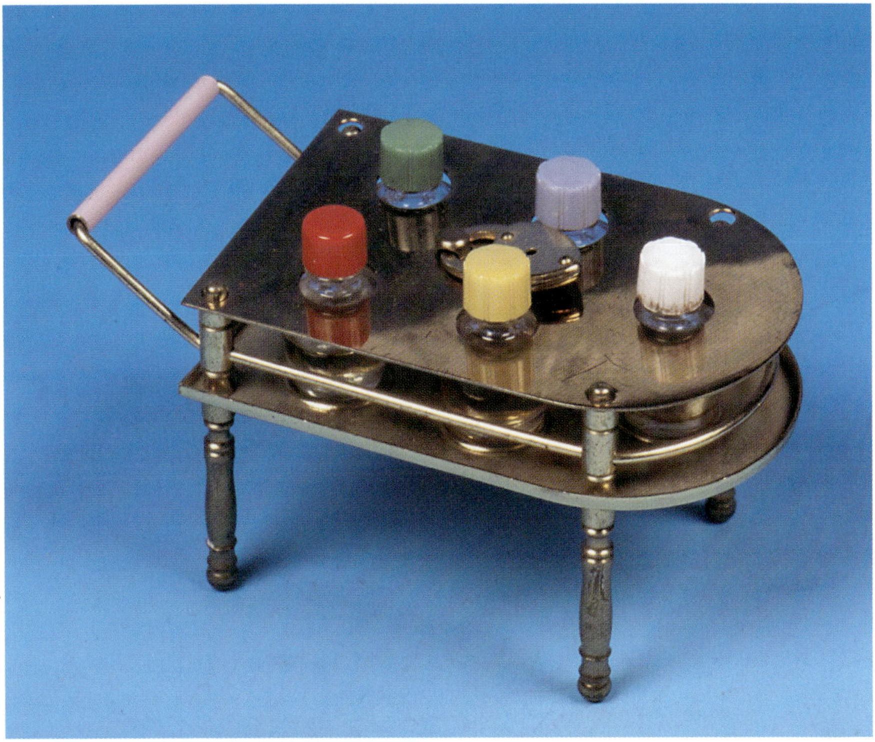

*Teewagen / Stuart / P / 34 mm* ▲

▲
*Vanderbilt,Lucretia* ▶
*P / 45 mm / 5 ml*

**Cosmetic - Vertriebs GmbH**

Gewerbestrasse    9
D-77749    Hohberg
Tel.: +49-(0)7808-9474-0
Fax: +49-(0)7808-947444

**Großhandel von Parfüm und Kosmetik**
**Im- und Export**
**Wir versenden weltweit**
**Fachhändler - bitte fordern Sie unsere Preisliste an**
**Wir suchen ständig Miniaturen-Neuheiten in großen Mengen**

*Wholesale of Perfume and Cosmetics*
*Import/Export*
*We ship worldwide*
*Retailers - please ask for our pricelist*
*Manufacturers - please offer new mini scents in quantities*

# New Minis

**Jin Abe**
Abe, Jin
EdT/83 mm/7,5 ml     DM 15/US$ 10

**Adrian**
Adrian Designs
EdT/67 mm/5 ml     DM 25/US$ 17

**Angel's Breath**
Angelitos
EdT/77 mm/10 ml     DM 15/US$ 10

**Angel's Love**
Angelitos
EdT/77 mm/10 ml     DM 15/US$ 10

**Anucci Gold**
Anucci
EdT/42 mm/7,5 ml     DM 20/US$ 13

**Anucci Gold**
Anucci
EdT/42 mm/7,5 ml     DM 20/US$ 13

**Havana**
Aramis
P/36 mm/3,5 ml     DM 13/US$ 9

**5th Avenue**
Arden, Elizabeth
P/72 mm/3,7 ml     DM 15/US$ 10

**5th Avenue**
Arden, Elizabeth
P/86 mm/10 ml     DM 20/US$ 13

**Californian Poppy**
Atkinsons
EdC/54 mm/6 ml     DM 12/US$ 8

**Espiegle**
Atkinsons
PdT/42 mm/6 ml     DM 12/US$ 8

**Mirage**
Atkinsons
EdC/54 mm/6 ml     DM 12/US$ 8

**Presage**
Atkinsons
EdC/78 mm/6 ml     DM 12/US$ 8

**Avon Musk for Men**
Avon
AS/64 mm/4 ml     DM 8/US$ 5

**Black Suede**
Avon
AS/64 mm/4 ml     DM 15/US$ 10

**Instinct**
Avon
AS/64 mm/4 ml     DM 8/US$ 5

**Millennia**
Avon
EdP/58 mm/4 ml     DM 10/US$ 7

**Moonwind**
Avon
EdC/10 mm/10 ml     DM 10/US$ 7

**New Minis**

**Natori**
Avon
EdP/30 mm/4 ml      DM 10/US$ 7

**Natori**
Avon
EdP/32 mm/5 ml      DM 10/US$ 7

**Odyssey**
Avon
P/54 mm/8 ml      DM 10/US$ 7

**Paros**
Avon
AS/64 mm/4 ml      DM 10/US$ 7

**Rare Gold**
Avon
EdP/49 mm/4 ml      DM 10/US$ 7

**Starring**
Avon
EdT/47 mm/4 ml      DM 18/US$ 12

**Eau Belle d'Azzaro**
Azzaro, Loris
EdT/45 mm/4 ml      DM 8/US$ 5

**Babar**
Barbar Characters
EdT/35 mm/2,6 ml      DM 12/US$ 8

**Citrine**
Beaulieu, Robert
EdT/60 mm/5 ml      DM 8/US$ 5

**Lapis Lazuli**
Beaulieu, Robert
EdT/60 mm/5 ml        DM 8/US$ 5

**Rubellite**
Beaulieu, Robert
EdT/60 mm/5 ml        DM 8/US$ 5

**Chance**
Beene, Geoffrey
P/47 mm/4 ml        DM 20/US$ 13

**Cold**
Benetton
EdT/62 mm/5,5 ml        DM 10/US$ 7

**Hot**
Benetton
EdT/62 mm/5,5 ml        DM 10/US$ 7

**Delicious**
Beverly Hills
P/27 mm/2,5 ml        DM 45/US$ 30

**Sotto Voce**
Biagiotti, Laura
EdT/80 mm/5 ml        DM 12/US$ 8

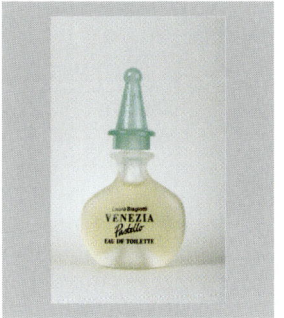

**Venezia Pastello**
Biagiotti, Laura
EdT/66 mm/5 ml        DM 10/US$ 7

**Venezia Pastello**
Biagiotti, Laura
EdT/66 mm/5 ml        DM 10/US$ 7

New Minis

# Biotherm

**Eau Vitaminée**
Biotherm
EdP/79 mm/15 ml    DM 8/US$ 5

**Deep Forest**
Bogner
EdT/56 mm/5 ml    DM 10/US$ 7

**BOND James Bond**
BOND James Bond
EdT/28 mm/4 ml    DM 10/US$ 7

**Goccia di Cristallo**
Borsari
EdP/59 mm/6 ml    DM 20/US$ 13

**San Valentino**
Borsari
EdP/66 mm/8 ml    DM 20/US$ 13

**Boss Bottled**
Boss, Hugo
EdT/53 mm/5 ml    DM 12/US$ 8

**Hugo Woman**
Boss, Hugo
EdT/49 mm/5 ml    DM 12/US$ 8

**Hugo**
Boss, Hugo
EdT/52 mm/5 ml    DM 10/US$ 7

**Sensitive**
Braukmann, Hildegard
EdT/38 mm/4,5 ml    DM 8/US$ 5

# Braukmann, Hildegard

### Sensitive
Braukmann, Hildegard
AS/38 mm/4,5 ml          DM 8/US$ 5

### Black
Bulgari
EdT/26 mm/5 ml          DM 18/US$ 12

### Bulgari Pour Homme
Bulgari
EdT/49 mm/5 ml          DM 18/US$ 12

### Eau Parfumée
Bulgari
C/57 mm/5 ml          DM 18/US$ 12

### Extrême
Bulgari
EdP/41 mm/5 ml          DM 20/US$ 13

### Week End
Burberrys
EdP/31 mm/5 ml          DM 10/US$ 7

### Eau d'Eden
Cacharel
EdT/61 mm/5 ml          DM 10/US$ 7

### Lou Lou Blue
Cacharel
EdT/58 mm/5 ml          DM 15/US$ 10

### Space
Carden, Cathy
EdT/64 mm/7 ml          DM 8/US$ 5

**Carita**
Carita International
EdP/78 mm/4 ml     DM 12/US$ 8

**Aimez-Moi**
Caron
EdT/38 mm/3 ml     DM 12/US$ 8

**Déclaration**
Cartier
EdT/59 mm/4 ml     DM 15/US$ 10

**Magic**
Celine
EdP/46 mm/5 ml     DM 15/US$ 10

**Image**
Cerruti
EdT/52 mm/5 ml     DM 15/US$ 10

**C & C**
Chahed, Cindy
EdT/77 mm/10 ml     DM 12/US$ 8

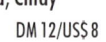

**Serment**
Chahed, Cindy
EdP/59 mm/5 ml     DM 12/US$ 8

**Allure**
Chanel
P/32 mm/1,5 ml     DM 20/US$ 13

**Innocence**
Chloé
EdT/45 mm/3,7 ml     DM 12/US$ 8

# Chopard

**Wish (with stand)**
Chopard
P/45 mm/5 ml          DM 25/US$ 17

**Curve**
Claiborne, Liz
P/46 mm/5,3 ml          DM 20/US$ 13

**Curve for men**
Claiborne, Liz
EdC/46 mm/5,3 ml          DM 20/US$ 13

**Lizsport**
Claiborne, Liz
P/71 mm/5,3 ml          DM 18/US$ 12

**2020**
Courrèges
EdT/52 mm/5 ml          DM 18/US$ 12

**Niagara**
Courrèges
EdT/50 mm/5 ml          DM 15/US$ 10

**Valentina**
Crepax, Guido
EdP/54 mm/6 ml          DM 12/US$ 8

**Apple**
Cristal Fragrance Collection
EdP/70 mm/6 ml          DM 12/US$ 8

**Coconut**
Cristal Fragrance Collection
EdP/58 mm/6 ml          DM 12/US$ 8

**New Minis**

# Cristal Fragrance Collection

**Lemon**
Cristal Fragrance Collection
EdP/61 mm/6 ml      DM 12/US$ 8

**Mandarin**
Cristal Fragrance Collection
EdP/53 mm/6 ml      DM 12/US$ 8

**Mango**
Cristal Fragrance Collection
EdP/65 mm/6 ml      DM 12/US$ 8

**Mimosa**
Cristal Fragrance Collection
EdP/69 mm/6 ml      DM 12/US$ 8

**Raspberry**
Cristal Fragrance Collection
EdP/55 mm/6 ml      DM 12/US$ 8

**Vanilla**
Cristal Fragrance Collection
EdP/58 mm/6 ml      DM 12/US$ 8

**White Musk**
Cristal Fragrance Collection
EdP/53 mm/6 ml      DM 12/US$ 8

**Dalimix**
Dali, Salvador
EdT/54 mm/8 ml      DM 18/US$ 12

**Dalimix gold**
Dali, Salvador
EdT/53 mm/8 ml      DM 18/US$ 12

**Dalissime**
Dali, Salvador

EdP/78 mm/5 ml     DM 18/US$ 12

**Le Roy Soleil**
Dali, Salvador

EdT/49 mm/5 ml     DM 18/US$ 12

**Le Roy Soleil**
Dali, Salvador

PdT/62 mm/5 ml     DM 18/US$ 12

**Cool Water**
Davidoff

EdT/57 mm/5 ml     DM 12/US$ 8

**Cool Water Aquatics**
Davidoff

SF/61 mm/5 ml     DM 15/US$ 10

**Il y a toi**
De Luxe

EdP/61 mm/5 ml     DM 10/US$ 7

**Divina**
De Silva, Diana

PdT/62 mm/4,5 ml     DM 8/US$ 5

**Genny Shine**
De Silva, Diana

EdT/42 mm/5 ml     DM 12/US$ 8

**Naomi**
Delany, Brian

P/69 mm/8 ml     DM 15/US$ 10

**New Minis**

**Delirium**
Delirium
EdP/58 mm/5 ml        DM 18/US$ 12

**Pharos**
Delon, Alain
P/64 mm/5 ml        DM 10/US$ 7

**Lavinia**
Denisonde
P/63 mm/8 ml        DM 18/US$ 12

**Amaryllis**
Deville, Max
EdP/71 mm/5 ml        DM 10/US$ 7

**Diesel**
Diesel
EdT/49 mm/5 ml        DM 8/US$ 5

**Diamond Forever**
Dion Cosmetics
EdP/31 mm/4 ml        DM 8/US$ 5

**Eau de Dolce Vita**
Dior, Christian
EdT/65 mm/5 ml        DM 25/US$ 17

**Pour Homme**
Dolce & Gabbana
EdT/45 mm/4,5 ml        DM 8/US$ 5

**Effat**
Effat
EdP/58 mm/5 ml        DM 15/US$ 10

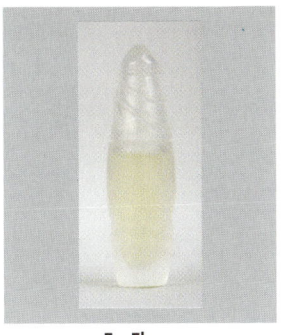

**En Fleurs**
Escada
EdT/63 mm/4 ml    DM 12/US$ 8

**Jardin de Soleil**
Escada
EdT/65 mm/4 ml    DM 10/US$ 7

**Ocean Blue**
Escada
EdT/65 mm/4 ml    DM 12/US$ 8

**Que Viva**
Escada
EdT/65 mm/4 ml    DM 12/US$ 8

**Silver Light**
Escada
EdT/55 mm/5 ml    DM 12/US$ 8

**Sport Feeling Free**
Escada
EdT/67 mm/5 ml    DM 10/US$ 7

**Sport Spirit**
Escada
EdT/67 mm/5 ml    DM 10/US$ 7

**Eau Rosée Mariella Burani**
Eurocosmesi
EdT/45 mm/4,5 ml    DM 10/US$ 7

**Les Copains**
Eurocosmesi
PdT/72 mm/4,5 ml    DM 15/US$ 10

**New Minis**

Mariella de Mariella Burani
Eurocosmesi
EdT/37 mm/4,5 ml    DM 10/US$ 7

Fantasia
Fendi
EdT/37 mm/7 ml    DM 10/US$ 7

Fantasia
Fendi
EdT/37 mm/7 ml    DM 10/US$ 7

Fantasia
Fendi
EdT/37 mm/7 ml    DM 10/US$ 7

Life Essence
Fendi
EdT/79 mm/10 ml    DM 18/US$ 12

Theorema
Fendi
EdP/56 mm/5 ml    DM 18/US$ 12

Ferrari
Ferrari
C/47 mm/4 ml    DM 12/US$ 8

Ferrari
Ferrari
EdT/47 mm/4 ml    DM 12/US$ 8

Ferrari 456 GT
Ferrari
EdT/55 mm/6 ml    DM 12/US$ 8

# Ferre, Gianfranco

**GFF**
Ferre, Gianfranco
EdT/65 mm/5 ml          DM 15/US$ 10

**Hamburg**
Flacon & Co
AS/54 mm/7,5 ml          DM 12/US$ 8

**Blossom**
Fortune Duck
EdP/49 mm/4 ml          DM 12/US$ 8

**Critical XX**
Fortune Duck
EdP/74 mm/5 ml          DM 25/US$ 17

**Dionysus**
Fortune Duck
EdP/41 mm/5 ml          DM 15/US$ 10

**Luna**
Fortune Duck
EdP/40 mm/5 ml          DM 15/US$ 10

**Rosette**
Fortune Duck
EdP/69 mm/3 ml          DM 8/US$ 5

**Sweetie**
Fortune Duck
EdP/52 mm/5 ml          DM 12/US$ 8

**Venus**
Fortune Duck
EdP/38 mm/5 ml          DM 10/US$ 7

**New Minis**

**Soleil**
Fragonard
EdP/51 mm/7 ml    DM 18/US$ 12

**Kitty**
Funny Perfums
EdT/53 mm/4 ml    DM 20/US$ 13

**Teddy bear**
Funny Perfums
EdT/50 mm/3 ml    DM 20/US$ 13

**Le Male**
Gaultier, Jean-Paul
EdT/57 mm/3,5 ml    DM 30/US$ 20

**Le Parade de Extraits**
Gaultier, Jean-Paul
P/57 mm/3,5 ml    DM 30/US$ 20

**Le Parade de Extraits**
Gaultier, Jean-Paul
P/57 mm/3,5 ml    DM 30/US$ 20

**Le Parade de Extraits**
Gaultier, Jean-Paul
P/57 mm/3,5 ml    DM 30/US$ 20

**Le Parade de Extraits**
Gaultier, Jean-Paul
P/57 mm/3,5 ml    DM 30/US$ 20

**Le Parade de Extraits**
Gaultier, Jean-Paul
P/57 mm/3,5 ml    DM 30/US$ 20

**Ocean Dream**
Giorgio Beverly Hills
P/65 mm/3,5 ml       DM 15/US$ 10

**Extra Vagance**
Givenchy
EdT/72 mm/4 ml       DM 18/US$ 12

**Organza**
Givenchy
EdP/75 mm/5 ml       DM 18/US$ 12

**Pi**
Givenchy
EdT/61 mm/5 ml       DM 18/US$ 12

**Folie Douce**
Grès
EdT/55 mm/5 ml       DM 15/US$ 10

**Homme de Grès**
Grès
EdT/48 mm/5 ml       DM 15/US$ 10

**Envy**
Gucci
P/68 mm/3 ml       DM 15/US$ 10

**Envy for men**
Gucci
EdT/34 mm/3 ml       DM 18/US$ 12

**Champs-Elysées**
Guerlain
EdT/57 mm/5 ml       DM 18/US$ 12

**New Minis**

**Mitsouko**
Guerlain
EdT/57 mm/5 ml    DM 25/US$ 17

**Hanae Mori**
Hanae Mori
P/70 mm/4 ml    DM 25/US$ 17

**Freespace**
Harley-Davidson
EdT/38 mm/3,8 ml    DM 10/US$ 7

**Hotroad**
Harley-Davidson
EdT/38 mm/3,8 ml    DM 10/US$ 7

**Original**
Harley-Davidson
EdT/38 mm/3,8 ml    DM 10/US$ 7

**Delicious Feelings**
Hayman, Gale
EdT/26 mm/3 ml    DM 15/US$ 10

**Helios Replika**
Helios
P/56 mm/4 ml    DM 60/US$ 40

**Rocabar**
Hermes
EdT/53 mm/7,5 ml    DM 18/US$ 12

**Tommy**
Hilfiger, Tommy
C/68 mm/7 ml    DM 15/US$ 10

**Iceberg Universe Femme**
Iceberg
EdT/52 mm/4 ml    DM 10/US$ 7

**Iceberg Universe Homme**
Iceberg
EdT/52 mm/4 ml    DM 10/US$ 7

**Mimmina Musk**
Intercosma
EdP/73 mm/5 ml    DM 10/US$ 7

**Ambro**
Jacomo
EdT/62 mm/7,5 ml    DM 18/US$ 12

**All about Eve**
Joop!
EdP/39 mm/4,9 ml    DM 12/US$ 8

**What about Adam**
Joop!
EdT/60 mm/5 ml    DM 12/US$ 8

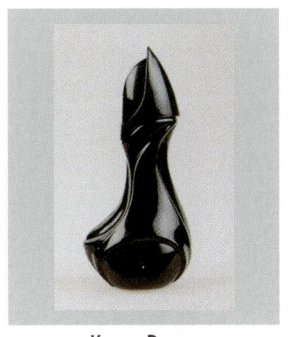

**Karen, Donna**
Karen, Donna
P/61 mm/4 ml    DM 20/US$ 13

**Jungle Tiger**
Kenzo
EdP/42 mm/5 ml    DM 18/US$ 12

**Jungle pour homme**
Kenzo
EdT/66 mm/5 ml    DM 18/US$ 12

**New Minis**

**Jungle Elephant**
Kenzo
EdP/50 mm/5 ml      DM 18/US$ 12

**L'Eau Par Kenzo**
Kenzo
EdT/65 mm/5 ml      DM 15/US$ 10

**Delfos**
Kerson
EdT/58 mm/4,9 ml      DM 10/US$ 7

**Blue Formidable**
Kesling
EdT/54 mm/7,5 ml      DM 12/US$ 8

**C'est Magique**
Kesling
EdT/44 mm/7,5 ml      DM 12/US$ 8

**C'est Magique**
Kesling
EdT/44 mm/7,5 ml      DM 12/US$ 8

**Formidable Moulin Rouge**
Kesling
EdP/54 mm/7,5 ml      DM 12/US$ 8

**Kiton Men**
Kiton
EdT/60 mm/7 ml      DM 12/US$ 8

**CK be**
Klein, Calvin
EdT/72 mm/15 ml      DM 18/US$ 12

**Ck one**
Klein, Calvin
EdT/48 mm/3 ml     DM 5/US$ 3

**Contradiction**
Klein, Calvin
P/63 mm/3,7 ml     DM 25/US$ 17

**Kohinoor**
Kohinoor
EdT/62 mm/8 ml     DM 12/US$ 8

**L'eau de Kookai**
Kookai
EdT/40 mm/5 ml     DM 15/US$ 10

**Korloff**
Korloff
EdT/75 mm/7,5 ml     DM 15/US$ 10

**Jako**
Lagerfeld, Karl
EdT/49 mm/3,7 ml     DM 15/US$ 10

**Amour**
Lalique
P/72 mm/4,5 ml     DM 30/US$ 20

**Le Nu**
Lalique
P/43 mm/4,5 ml     DM 30/US$ 20

**Nilang**
Lalique
EdT/78 mm/4,5 ml     DM 20/US$ 13

**New Minis**

| Nilang | Nilang | Nilang |
|---|---|---|
| Lalique | Lalique | Lalique |
| EdT/78 mm/4,5 ml    DM 20/US$ 13 | EdT/78 mm/4,5 ml    DM 20/US$ 13 | EdT/78 mm/4,5 ml    DM 20/US$ 13 |

| Ondines | Pour Homme | Lanvin L'Homme |
|---|---|---|
| Lalique | Lalique | Lanvin |
| P/62 mm/4,5 ml    DM 30/US$ 20 | EdP/43 mm/4,5 ml    DM 18/US$ 12 | EdT/49 mm/5 ml    DM 12/US$ 8 |

| Beautiful | Pleasures | Pleasures |
|---|---|---|
| Lauder, Estée | Lauder, Estée | Lauder, Estée |
| EdT/75 mm/4,7 ml    DM 25/US$ 17 | P/62 mm/3,5 ml    DM 18/US$ 12 | EdP/73 mm/4 ml    DM 25/US$ 17 |

# Lauder, Estée

White Linen Breeze
Lauder, Estée
EdP/76 mm/5,3 ml    DM 25/US$ 17

Lolita Lempicka
Lempicka, Lolita
EdP/43 mm/5 ml    DM 20/US$ 13

Loreste pour femme
Loreste
PdT/94 mm/7,5 ml    DM 10/US$ 7

Verna
Lotus
P/53 mm/4 ml    DM 10/US$ 7

L'Homme
Luis Anna-Modonna
EdT/60 mm/4 ml    DM 15/US$ 10

Perhaps
Mackie, Bob
P/66 mm/6 ml    DM 25/US$ 17

Miro
MAXIM
EdT/55 mm/7 ml    DM 15/US$ 10

Mazda 323
Mazda
EdT/47 mm/7 ml    DM 10/US$ 7

L'Eau d'Issey
Miyake, Issey
P/75 mm/7 ml    DM 18/US$ 12

**New Minis**

**L'Eau d'Issey**
Miyake, Issey

EdP/75 mm/3 ml    DM 18/US$ 12

**L'Eau d'Issey pour homme**
Miyake, Issey

P/75 mm/3 ml    DM 18/US$ 12

**L'Eau d'Issey pour homme**
Miyake, Issey

EdT/75 mm/7 ml    DM 18/US$ 12

**Eau Cuivrée**
Montana, Claude

EdT/78 mm/3 ml    DM 12/US$ 8

**Eau d'Argent**
Montana, Claude

EdT/78 mm/3 ml    DM 12/US$ 8

**Eau d'Or**
Montana, Claude

EdT/78 mm/3 ml    DM 12/US$ 8

**Just Me**
Montana, Claude

EdT/65 mm/3 ml    DM 18/US$ 12

**L'Eau de Monteil**
Monteil

EdP/47 mm/5 ml    DM 12/US$ 8

**Shivinda**
Monticelli Fragrances

P/51 mm/3,5 ml    DM 18/US$ 12

**Stella**
Monticelli Fragrances
P/68 mm/5 ml          DM 18/US$ 12

**Violette d'Amour**
Monticelli Fragrances
P/57 mm/5 ml          DM 15/US$ 10

**Miss Morabito**
Morabito
P/56 mm/7,5 ml        DM 12/US$ 8

**Nuage d'Or**
Morandière, Marc de la
EdT/39 mm/5 ml        DM 12/US$ 8

**Popy Moreni**
Moreni, Popy
EdT/51 mm/4 ml        DM 15/US$ 10

**Popy Moreni**
Moreni, Popy
EdT/51 mm/4 ml        DM 10/US$ 7

**Napoleon**
Morris
AS/45 mm/7 ml         DM 12/US$ 8

**Cheap and Chic**
Moschino
EdT/45 mm/4,9 ml      DM 10/US$ 7

**A Men**
Mugler, Thierry
EdT/64 mm/2 ml        DM 18/US$ 12

**New Minis**

**L'Eau de Franck Olivier**
Olivier, Franck
EdT/40 mm/7,5 ml    DM 15/US$ 10

**Kasanga**
Pacoma
PdT/59 mm/7,5 ml    DM 12/US$ 8

**Rock Falls**
Pacoma
PdT/59 mm/7,5 ml    DM 12/US$ 8

**Sadayia**
Pacoma
PdT/59 mm/7,5 ml    DM 12/US$ 8

**Jaguar Mark II**
Pardis
EdT/54 mm/5 ml    DM 10/US$ 7

**Helen of Troy**
Parfum Sigma
EdT/77 mm/5 ml    DM 18/US$ 12

**Paloma Picasso**
Picasso, Paloma
EdT/45 mm/5 ml    DM 18/US$ 12

**Tentations**
Picasso, Paloma
EdP/67 mm/4 ml    DM 18/US$ 12

**Cherubin Flaúta**
Pons, Myrna
EdT/61 mm/4,9 ml    DM 20/US$ 13

# Pons, Myrna

**Cherubin Sátiro**
Pons, Myrna
EdT/56 mm/4,9 ml    DM 20/US$ 13

**Cherubin Tambor**
Pons, Myrna
EdT/51 mm/4,9 ml    DM 20/US$ 13

**Cherubin Violin**
Pons, Myrna
EdT/62 mm/4,9 ml    DM 20/US$ 13

**Colgante**
Pons, Myrna
P/42 mm/4,9 ml    DM 40/US$ 27

**Crown**
Pons, Myrna
EdP/44 mm/4,9 ml    DM 30/US$ 20

**Jaques**
Pons, Myrna
EdT/50 mm/4,9 ml    DM 20/US$ 13

**Jaques**
Pons, Myrna
EdT/52 mm/4,9 ml    DM 20/US$ 13

**Jaques**
Pons, Myrna
EdT/54 mm/4,9 ml    DM 20/US$ 13

**Jaques**
Pons, Myrna
EdT/57 mm/4,9 ml    DM 20/US$ 13

**New Minis**

**Jaques**
**Pons, Myrna**
EdT/57 mm/4,9 ml     DM 20/US$ 13

**Mogambo**
**Pons, Myrna**
P/52 mm/4,9 ml     DM 30/US$ 20

**Rosa**
**Pons, Myrna**
EdT/47 mm/4 ml     DM 25/US$ 17

**Rosa**
**Pons, Myrna**
EdT/47 mm/4 ml     DM 25/US$ 17

**Rosa**
**Pons, Myrna**
EdT/47 mm/4 ml     DM 25/US$ 17

**Rosa**
**Pons, Myrna**
EdT/47 mm/4 ml     DM 25/US$ 17

**Rosa**
**Pons, Myrna**
EdT/47 mm/4 ml     DM 25/US$ 17

**Rosa**
**Pons, Myrna**
EdT/47 mm/4 ml     DM 25/US$ 17

**Royal Coach**
**Pons, Myrna**
EdT/51 mm/4,9 ml     DM 50/US$ 33

**Sibila Bambani**
Pons, Myrna
EdT/58 mm/4,9 ml    DM 20/US$ 13

**Sibila Mittani**
Pons, Myrna
EdT/57 mm/4,9 ml    DM 20/US$ 13

**Sibila Orenica**
Pons, Myrna
EdT/57 mm/4,9 ml    DM 20/US$ 13

**Sibila Sheila**
Pons, Myrna
EdT/55 mm/4,9 ml    DM 20/US$ 13

**Halloween**
Pozo, Jesus del
EdT/45 mm/5 ml    DM 12/US$ 8

**Giada**
Promoparfums
EdT/38 mm/7 ml    DM 12/US$ 8

**Saturn**
Promoparfums
EdT/39 mm/7 ml    DM 12/US$ 8

**Fiorilù en Fleur**
Pupa
EdT/36 mm/7 ml    DM 12/US$ 8

**Fiorilu Gel**
Pupa
P in Gel/32 mm/5 ml    DM 10/US$ 7

**New Minis**

**Parfum d'Eau Active**
**Pupa**
EdP/68 mm/10 ml    DM 10/US$ 7

**Parfum d'Eau Active Thermale**
**Pupa**
EdP/68 mm/10 ml    DM 15/US$ 10

**2 Rancé**
**Rancé**
EdP/48 mm/5 ml    DM 8/US$ 5

**So de la Renta**
**Renta, de la, Oscar**
P/44 mm/4 ml    DM 15/US$ 10

**Nefertiti**
**Riachi**
EdP/72 mm/7,5 ml    DM 12/US$ 8

**L'Air du Temps**
**Ricci, Nina**
EdT/47 mm/2,5 ml    DM 15/US$ 10

**L'Air du Temps**
**Ricci, Nina**
EdT/47 mm/2,5 ml    DM 15/US$ 10

**Les Belles de Ricci**
**Ricci, Nina**
EdT/48 mm/4 ml    DM 15/US$ 10

**Piazza di Spagna**
**Roccobarocco**
EdP/56 mm/5 ml    DM 12/US$ 8

**Alchimie de Rochas**
Rochas
EdP/61 mm/5 ml     DM 15/US$ 10

**Fleur d'Eau**
Rochas
EdT/66 mm/5 ml     DM 12/US$ 8

**Tocadilly**
Rochas
EdT/62 mm/3 ml     DM 15/US$ 10

**Cap Nature Vanille**
Rocher, Yves
EdT/35 mm/7,5 ml     DM 10/US$ 7

**Fleur de Thé**
Rocher, Yves
EdT/65 mm/7,5 ml     DM 8/US$ 5

**Ming Shu**
Rocher, Yves
EdT/52 mm/7,5 ml     DM 15/US$ 10

**Rodier**
Rodier
EdT/39 mm/5 ml     DM 18/US$ 12

**Pompon**
Romano, Fabio Parfums
EdP/64 mm/7 ml     DM 15/US$ 10

**Royalissime**
Royale le Prince Henri d'Orleans
EdT/63 mm/4,5 ml     DM 15/US$ 10

**New Minis**

**Fashion Show**
Rykiel, Sonia
EdT/57 mm/7,5 ml     DM 15/US$ 10

**Fashion Show**
Rykiel, Sonia
EdT/57 mm/7,5 ml     DM 15/US$ 10

**Fashion Show**
Rykiel, Sonia
EdT/57 mm/7,5 ml     DM 15/US$ 10

**Fashion Show**
Rykiel, Sonia
EdT/57 mm/7,5 ml     DM 15/US$ 10

**Fashion Show**
Rykiel, Sonia
EdT/57 mm/7,5 ml     DM 15/US$ 10

**L'Eau de Sonia Rykiel**
Rykiel, Sonia
EdT/57 mm/7,5 ml     DM 18/US$ 12

**Sonia Rykiel**
Rykiel, Sonia
EdT/57 mm/7,5 ml     DM 15/US$ 10

**Opium**
Saint Laurent, Yves
P/38 mm/3,5 ml     DM 35/US$ 23

**Yvresse**
Saint Laurent, Yves
EdT/33 mm/4 ml     DM 18/US$ 12

**Yvresse**
Saint Laurent, Yves
EdT/50 mm/4 ml        DM 25/US$ 17

**Jil**
Sander, Jil
EdT/47 mm/5 ml        DM 12/US$ 8

**Shocking**
Schiaparelli
EdP/62 mm/5 ml        DM 18/US$ 12

**Zut**
Schiaparelli
EdP/60 mm/5 ml        DM 18/US$ 12

**Colours by A. Julian**
Sebastian, Paul
C/65 mm/7,5 ml        DM 15/US$ 10

**Design**
Sebastian, Paul
EdT/70 mm/7,5 ml        DM 10/US$ 7

**Relaxing Fragrance**
Shiseido
FR/71 mm/5 ml        DM 15/US$ 10

**Perfect**
Sigma, Parfum
EdP/54 mm/5 ml        DM 10/US$ 7

**Eau du Soir**
Sisley
EdP/37 mm/2 ml        DM 15/US$ 10

**New Minis**

**Luna**
Souleiado
EdT/62 mm/2,5 ml      DM 12/US$ 8

**Dreaming Princess**
Succes de Paris
EdP/60 mm/5 ml      DM 12/US$ 8

**Fujiyama**
Succes de Paris
EdT/59 mm/8 ml      DM 15/US$ 10

**Forever**
Sung, Alfred
P/55 mm/5 ml      DM 15/US$ 10

**Donna**
Tacchini, Sergio
EdT/73 mm/6 ml      DM 18/US$ 12

**Pluie d'Été**
Tan Giudicelli
EF/52 mm/3,5 ml      DM 12/US$ 8

**Trueste**
Tiffany
EdP/57 mm/7,5 ml      DM 18/US$ 12

**Haribo Baer**
Trader B's
EdT/55 mm/7,5 ml      DM 10/US$ 7

**Haribo Baer**
Trader B's
EdT/55 mm/7,5 ml      DM 10/US$ 7

**Haribo Baer**
**Trader B's**
EdT/55 mm/7,5 ml    DM 10/US$ 7

**Haribo Baer**
**Trader B's**
EdT/55 mm/7,5 ml    DM 10/US$ 7

**Haribo Baer**
**Trader B's**
EdT/55 mm/7,5 ml    DM 10/US$ 7

**Haribo Baer**
**Trader B's**
EdT/55 mm/7,5 ml    DM 10/US$ 7

**Jordi the Elephant**
**Trader B's**
EdT/53 mm/7,5 ml    DM 10/US$ 7

**Jordi the Elephant**
**Trader B's**
EdT/53 mm/7,5 ml    DM 10/US$ 7

**Jordi the Elephant**
**Trader B's**
EdT/53 mm/7,5 ml    DM 10/US$ 7

**Jordi the Elephant**
**Trader B's**
EdT/53 mm/7,5 ml    DM 10/US$ 7

**Ottifanten**
**Trader B's**
EdT/54 mm/7,5 ml    DM 10/US$ 7

**New Minis**

Ottifanten
Trader B's
EdT/54 mm/7,5 ml        DM 10/US$ 7

Ottifanten
Trader B's
EdT/54 mm/7,5 ml        DM 10/US$ 7

Ottifanten
Trader B's
EdT/54 mm/7,5 ml        DM 10/US$ 7

Light Her
Trussardi
EdT/63 mm/5 ml        DM 10/US$ 7

L'Uomo Trussardi
Trussardi
EdT/42 mm/5 ml        DM 15/US$ 10

C for Men
Two Men
EdT/78 mm/10 ml        DM 10/US$ 7

Heros Sport
Uomo Parfumes
EdT/63 mm/5 ml        DM 18/US$ 12

Heros
Uomo Parfums
EdT/59 mm/5 ml        DM 18/US$ 12

Mahila
Urville, Francois de
EdP/54 mm/5 ml        DM 12/US$ 8

Very Valentino
Valentino
EdT/39 mm/4,5 ml    DM 15/US$ 10

eau de Couture
Venet, Philippe
EdP/81 mm/7,5 ml    DM 15/US$ 10

Ventilo
Ventilo
EdT/72 mm/5 ml    DM 15/US$ 10

Blonde
Versace, Gianni
EdT/42 mm/5 ml    DM 15/US$ 10

Green Jeans
Versace, Gianni
EdT/70 mm/7,5 ml    DM 12/US$ 8

The Dreamer
Versace, Gianni
EdT/52 mm/5 ml    DM 15/US$ 10

Yellow Jeans
Versace, Gianni
EdT/70 mm/7,5 ml    DM 12/US$ 8

Mystic
Vigny, Raoul
P/53 mm/7 ml    DM 18/US$ 12

Madeleine Vionnet
Vionnet, Madeleine
EdT/71 mm/4 ml    DM 15/US$ 10

**New Minis**

**AV**
Vittadini, Adrienne
EdT/53 mm/7,5 ml    DM 15/US$ 10

**Secret de Venus**
Weil
EdP/54 mm/5 ml    DM 12/US$ 8

**Boudoir**
Westwood, Vivienne
EdP/58 mm/5 ml    DM 20/US$ 13

**Woper**
Woper
EdP/55 mm/7,5 ml    DM 12/US$ 8

**Authentic Maroussia**
Zaitsev, Slava
EdT/45 mm/7,5 ml    DM 12/US$ 8

# Perfume
# Jewelry

*1 - 3 Elizabeth Taylor*

*1 Chopard · 2 Guerlain · 3 YSL · 4 YSL*

*1 + 2 Cerutti· 3 + 4 Rochas*

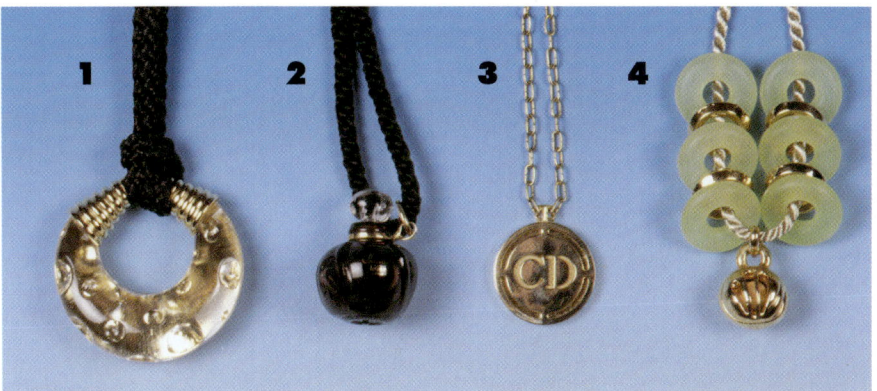

*1 - 4 Christian Dior*

*1 - 3 Lanvin · 4 Fath de Fath*

*1  Worth ·  2 Nina Ricci · 3 Hermes · 4 Guy Laroche*

*1 Christian Lacroix · 2 Pascal Morabito · 3 Givenchy · 4 Capucci*

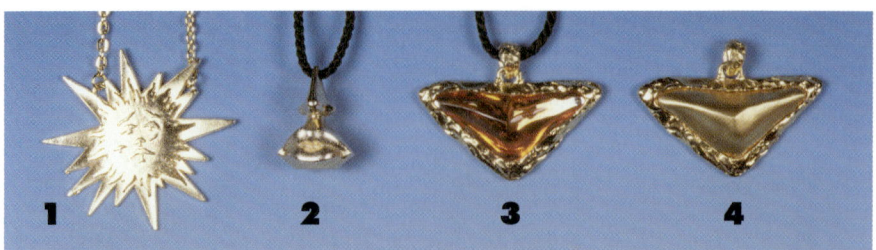

*1 + 2 Salvador Dali · 3 + 4 Lancôme*

*1 Lagerfeld · 2 Paco Rabanne · 3 Sonja Rykiel · 4 Christian Dior*

*1 + 2 Donna Karren · 3 + 4 Nikos*

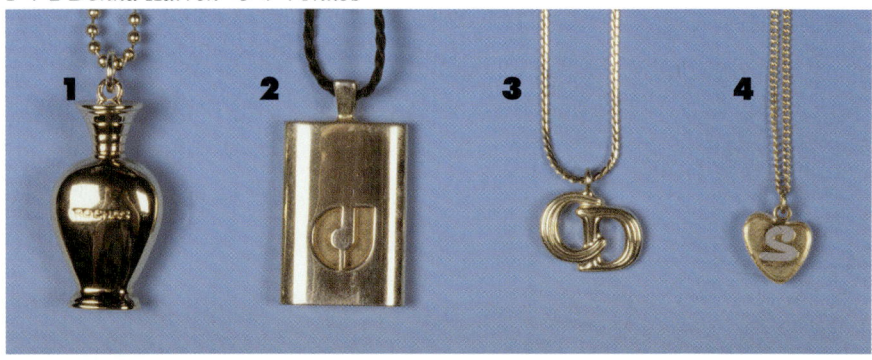

*1 Marcel Rochas · 2 Charles Jourdan · 3 Christian Dior · 4 Schiaparelli*

*1 Cacharel · 2 Clinique · 3 Balenciaga*

*1 Unknown · 2 + 3 Ellen Betrix · 4 Max Factor*

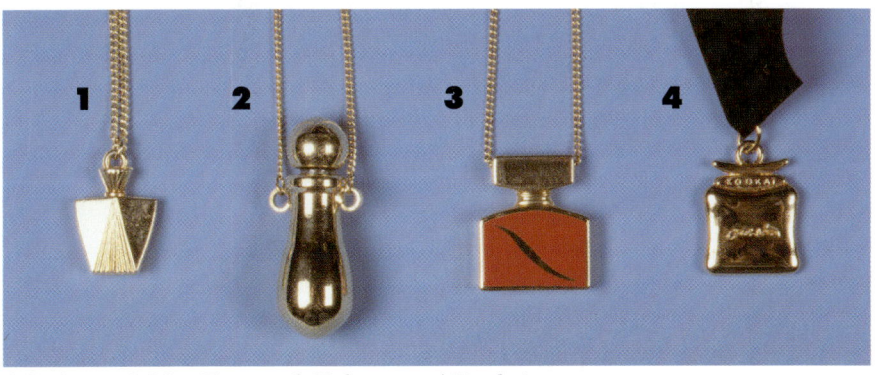

*1 Stefanie · 2 Max Factor · 3 Unknown · 4 Kookai*

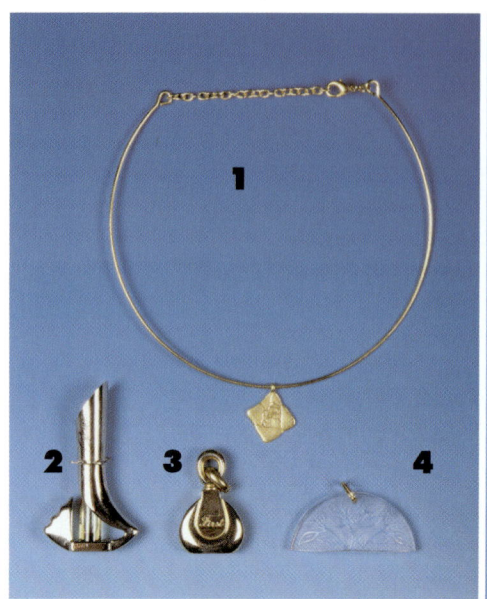

1 Lancôme · 2 Atkinsons · 3 Van Cleef ·     YSL
4 Lalique

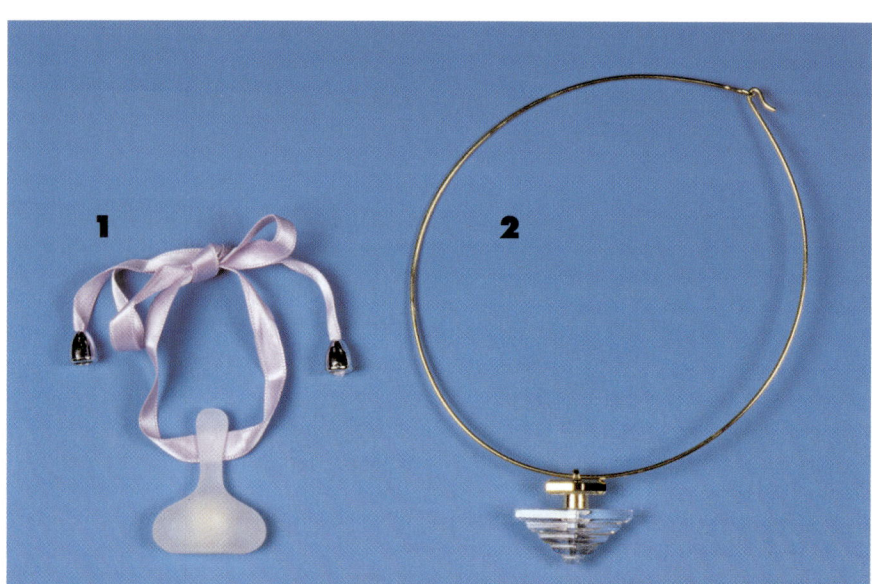

1 Lagerfeld · 2 Lancôme

*1 Naf Naf · 2 Fath de Fath · 3 Nina Ricci · 4 Unknown*

*Monteil*

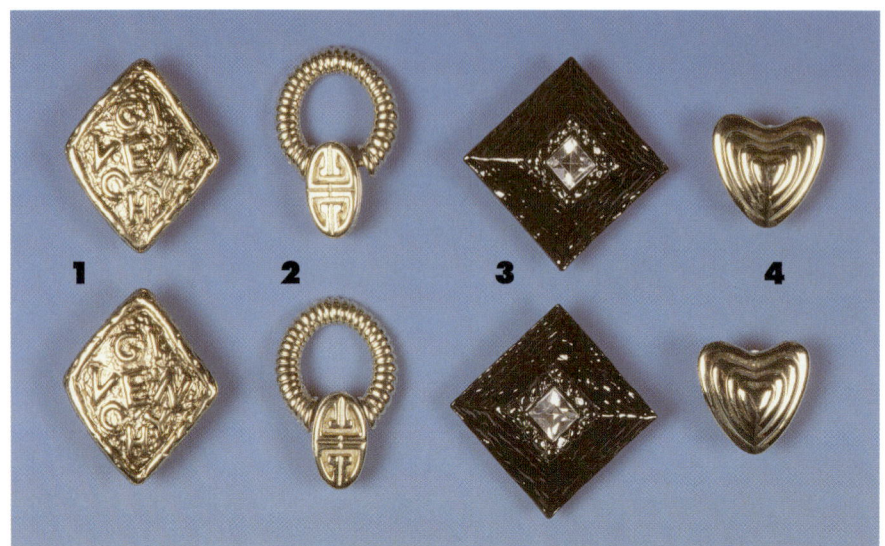

*1 - 3 Givenchy · 4 Escada*

*1 + 2 Cacharel · 3 + 4 Nino Cerruti*

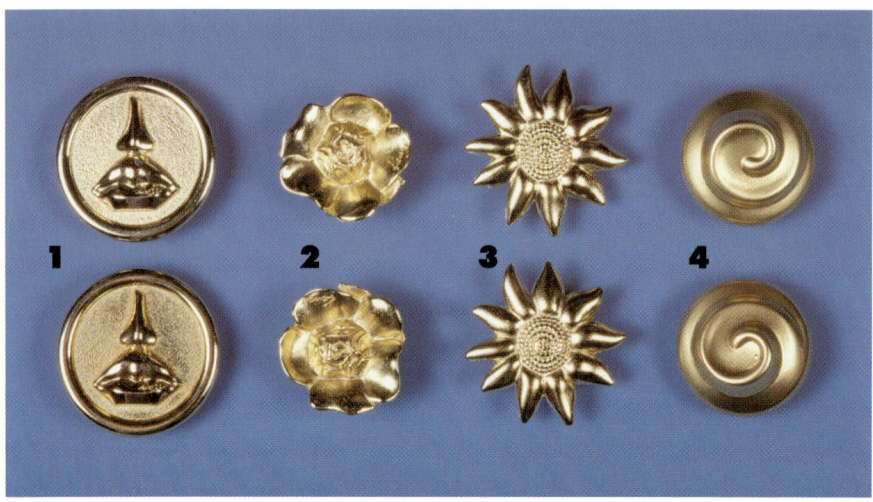

*1 Salvador Dali · 2 Kenzo · 3 Lancôme · 4 Nina Ricci*

*Manschettenknöpfe Escada*

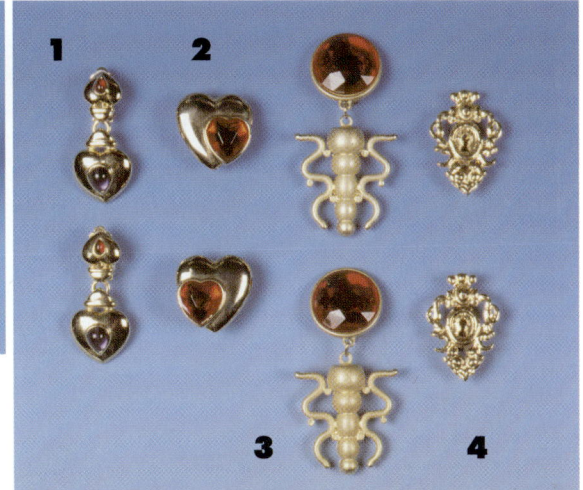

*1 + 2 Ted Lapidus · 3 Azzaro · 4 Marcel Rochas*

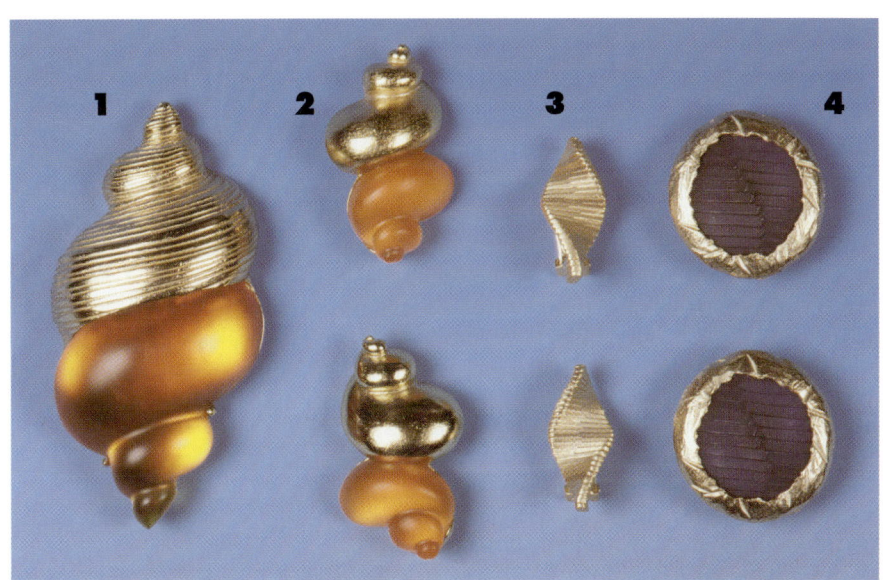

*1 + 2 Christian Dior · 3 + 4 Claude Montana*

**Jewelry**

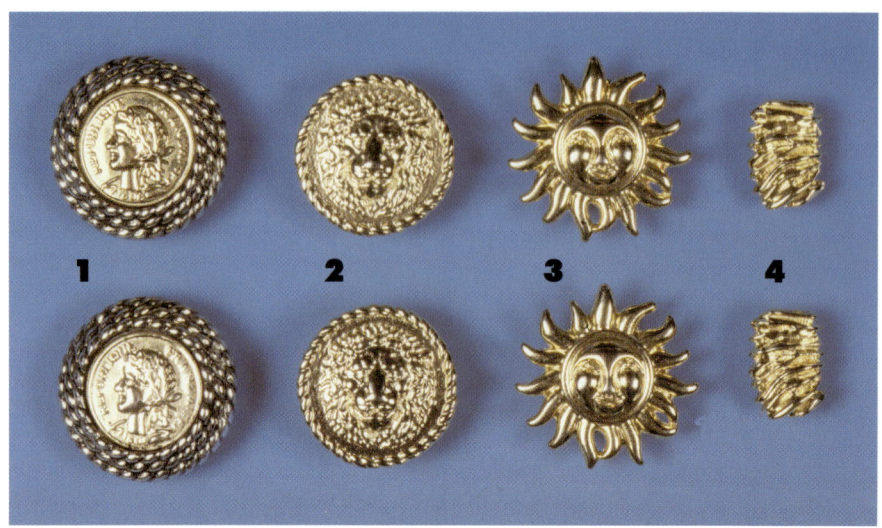

*1 - 3 Gianni Versace · 4 Gucci*

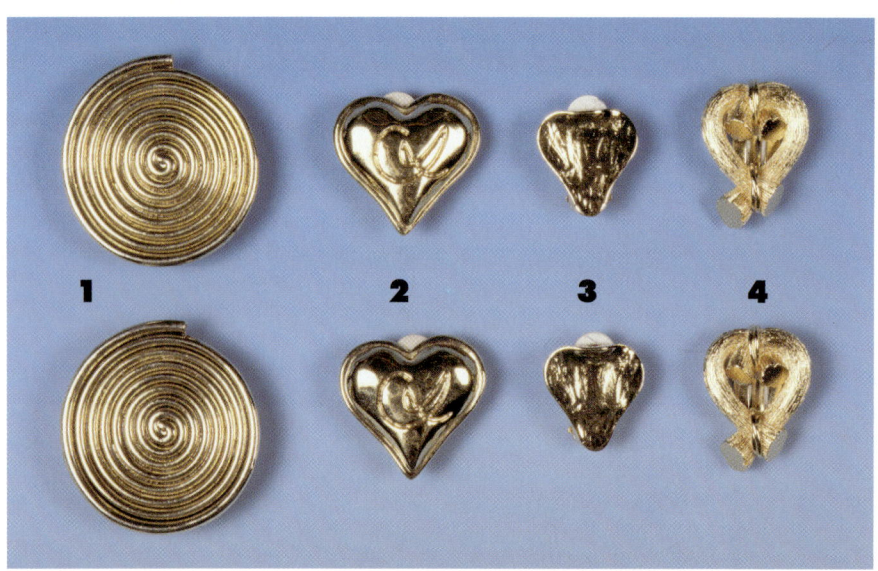

*1 Charles Jourdan · 2 Christian Lacroix · 3 YSL · 4 Escada*

*1 Elizabeth Taylor · 2 Carolina Herrera · 3 Estée Lauder · 4 Thierry Mugler*

*Set  Chanel*

*1 + 2 YSL · 3 Le Gallion · 4 Oscar de la Renta*

*Christian Dior*

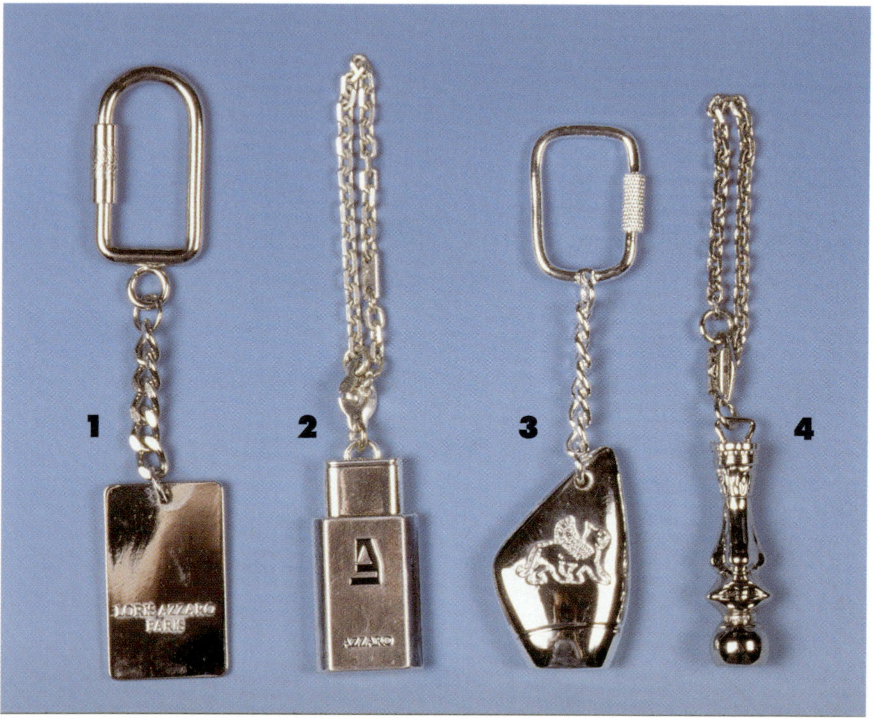

**1**     **2**     **3**     **4**

*1 - 2 Azzaro · 3 Nikos · 4 Salvador Dali*

*1 Moschino · 2 Joop · 3 Jil Sander · 4 Fendi*

*1 Ted Lapidus · 2 Balenciaga · 3 Givenchy · 4 Estée Lauder*

*1 Ted Lapidus · 2 Maxims · 3 Cacharel · 4 Givenchy*

**Jewelry**

*1 Presciptives · 2 Carolina Herrera · 3 Nino Cerruti · 4 Atkinsons*

*1 Jaguar · 2 Davidoff · 3 Helena Rubinstein · 4 Marcel Rochas*

*Hugo Boss*

*1 Giorgio Armani · 2 Vanderbilt · 3 Givenchi · 4 Paloma Picasso*

*1 Boucheron · 2 Chanel · 3 Gucci · 4 Kenzo*

*Mouson*

*Nino Cerruti*

*Nina Ricci*

*Christian Dior*

*1 + 2 Boucheron · 3 Cartier · 4 Giorgio Beverly Hills*

*Lancôme*

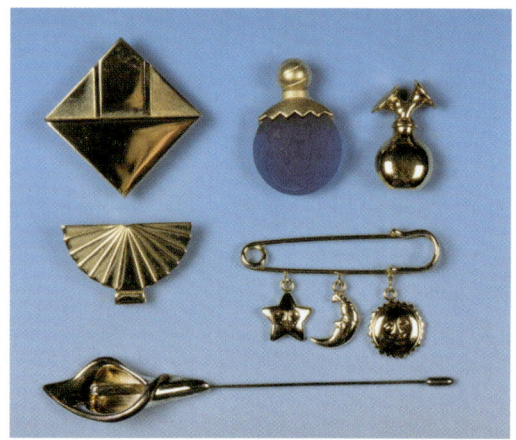

*Lagerfeld*

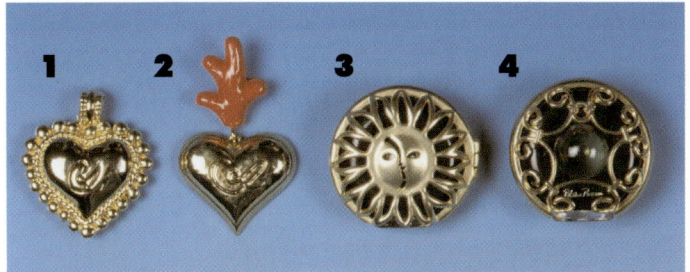

*1 + 2 Christian Lacroix · 3 + 4 Paloma Picasso*

*Claude Montana*

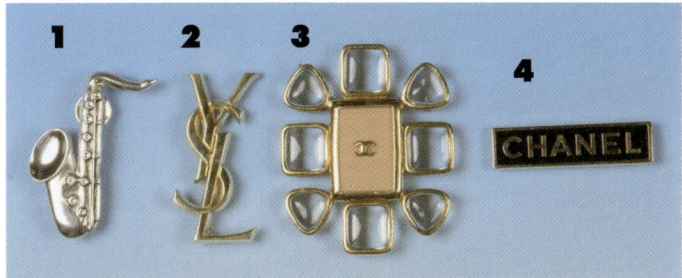

*1 +2 YSL · 3 + 4 Chanel*

*1 Azzaro · 2 Nino Cerruti · 3 Scherrer · 4 Salvador Dali*

**Jewelry**

*1+2 Givenchy · 3 Kenzo · 4 Scherrer · 5 Marcel Rochas*

*Guerlain*

*1 Fendi · 2 + 3 Gucci · 4 Gorgio Armani · 5 Gianni Versace*

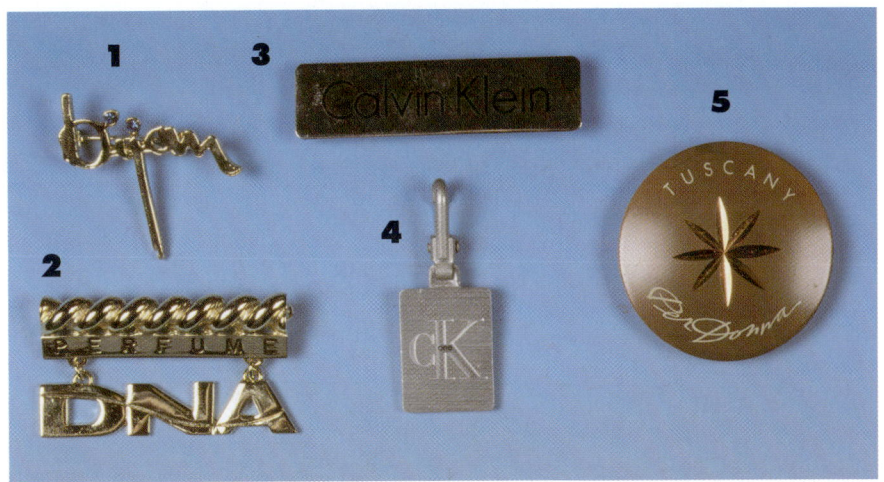

*1 + 2 Bijan · 3 + 4 Calvin Klein · 5 Aramis*

*1 - 3 Jean Paul Gaultier · 4 - 6 Tierry Mugler*

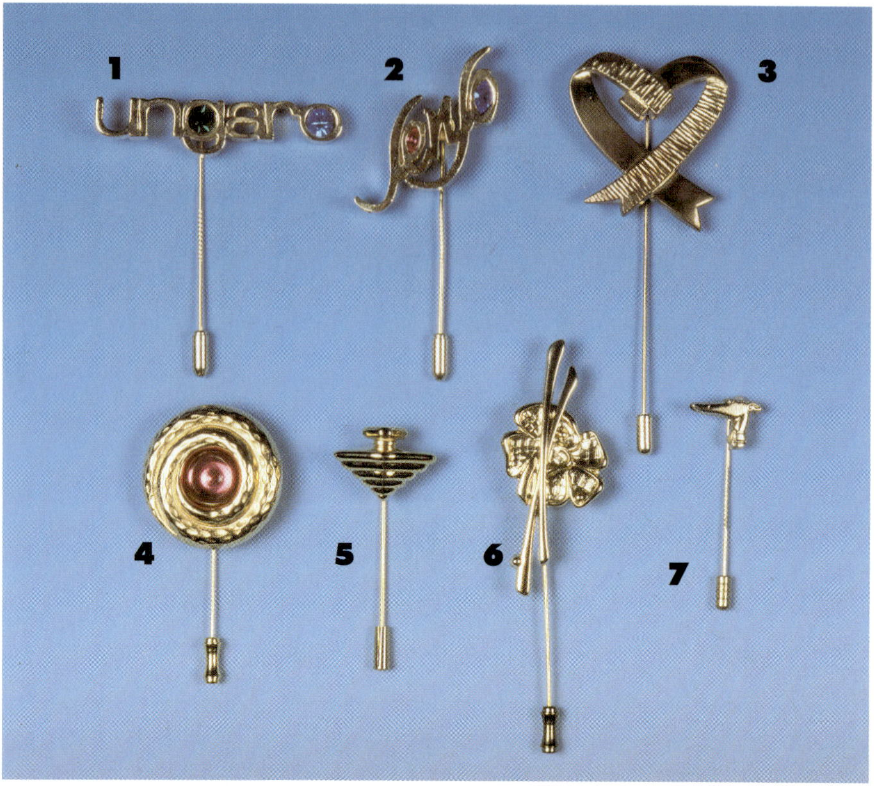

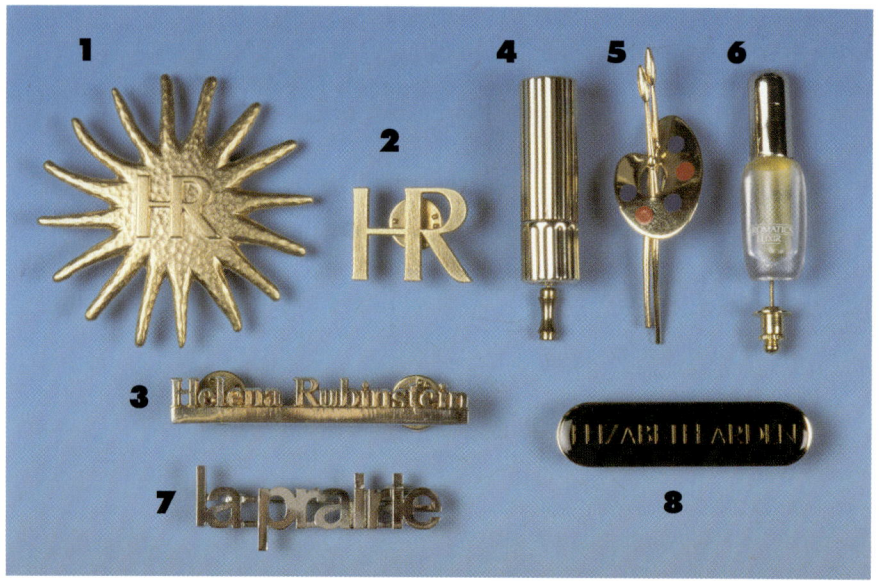

*1 + 2 Ungaro · 3 L'Oreal · 4 Bourjois · 5 Lancôme · 6 Van Cleef and Arpels · 7 Trussardi*

*1-3 Helena Rubinstein · 4 - 5 Estée Lauder · 6 Clinique · 7 La Prairie · 8 Elizabeth Arden*

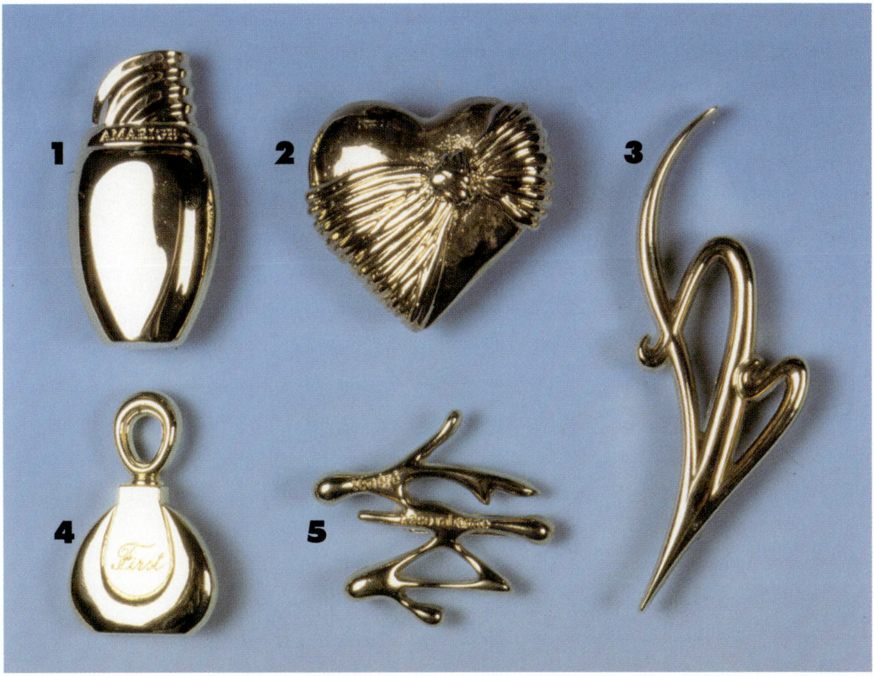

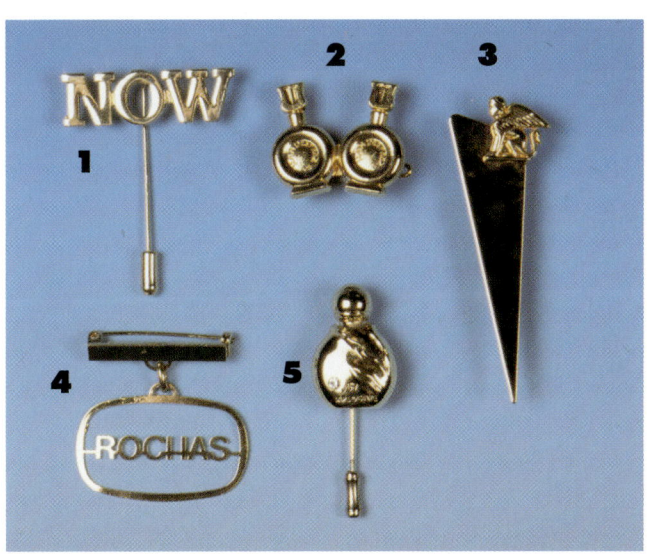

*1 Givenchy · 2 Azzaro · 3 Maxims · 4 Van Cleef and Arpels · 5 Paco Rabanne*

*1 Willy Bogner · 2 Jean Desprez · 3 Monteil · 4 Marcel Rochas · 5 Etienne Aigner*

**Jewelry**

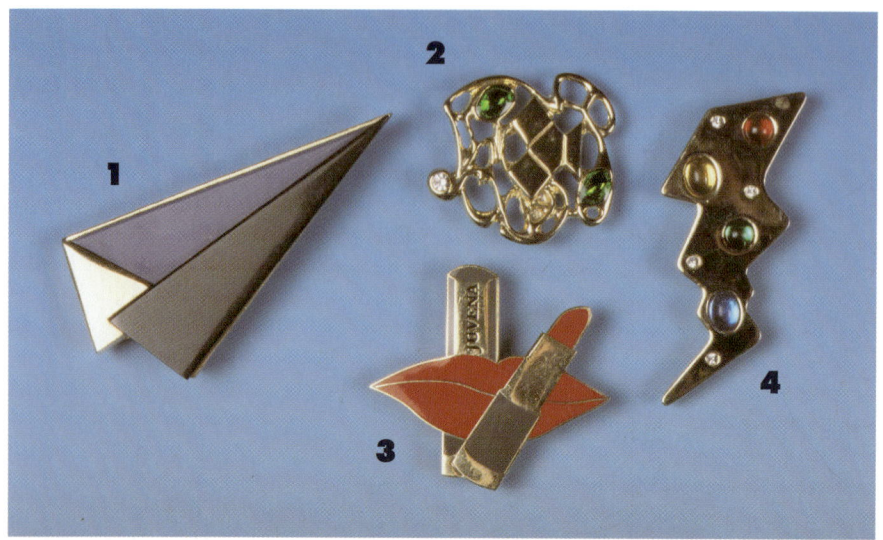

*1 Guy Laroche · 2 Omar Sharif · 3 Juvena · 4 Parlux*

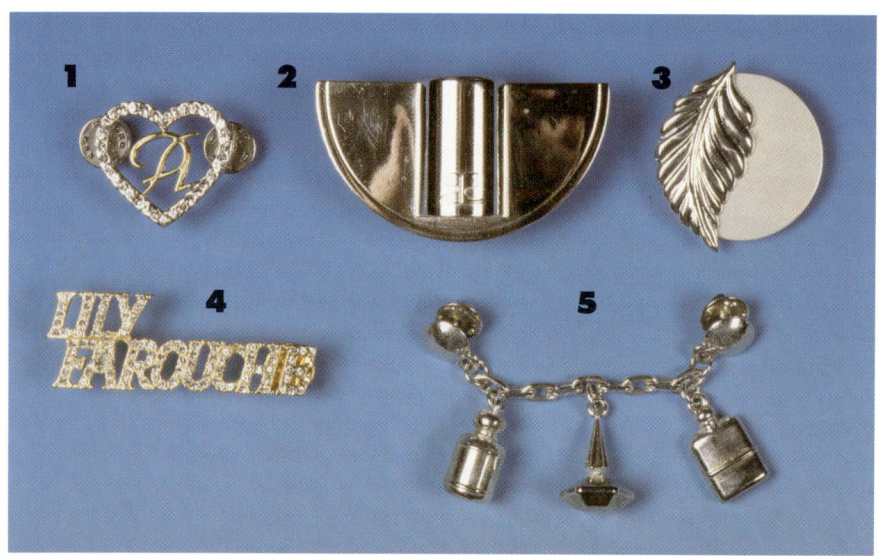

*1 Lily Farouche · 2 Courrèges · 3 Aramis · 4 Lily Farouche · 5 Cacharel*

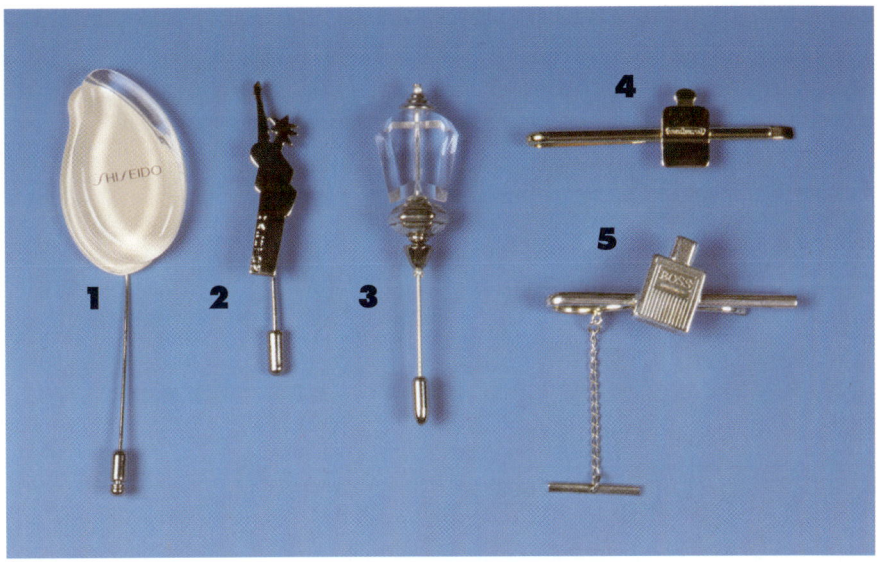

*1 Shiseido · 2 Halston · 3 Phas · 4 Cacharel · 5 Hugo Boss*

*Laura Biagiotti*

Claude Montana

1 Carven · 2 Van Cleef and Arpels

Guerlain

1 Escada · 2 YSL · 3 Samba · 4 Oscar de la Renta

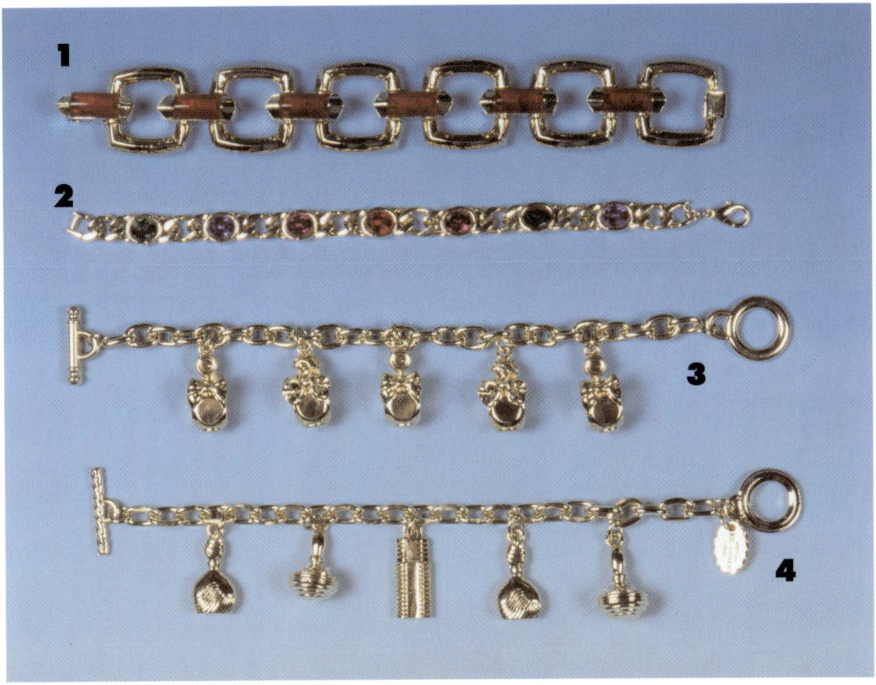

*1 Clarins · 2 Elizabeth Taylor · 3 Grès · 4 Ted Lapidus*

*1 Vanderbilt · 2 Maroussia · 3 + 4 Lancôme*

*1 + 2 Gianni Versace · 3 Lancôme · 4 Elizabeth Arden*

*Helena Rubinstein*

*Jean Paul Gaultier*

*1 + 2 Ralph Lauren · 3 Calvin Klein*

*1 Estée Lauder · 2 Azzaro · 3 Salvador Dali · 4 Cacharel*

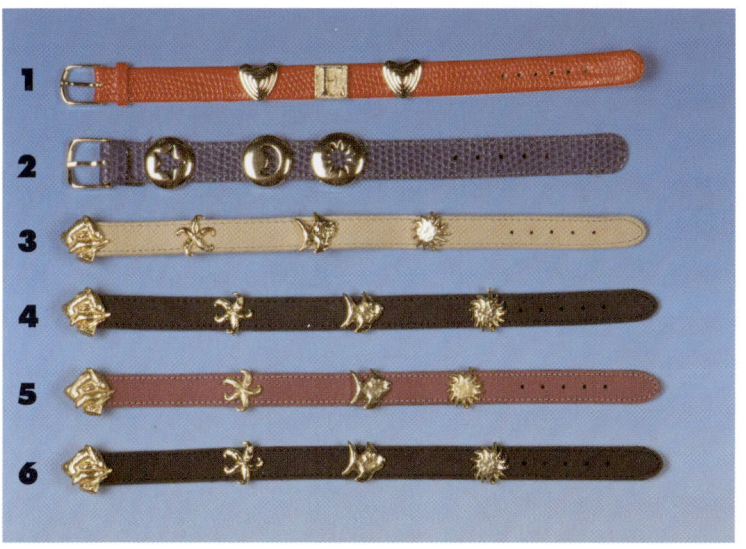

*1 Escada · 2 Lagerfeld · 3 - 6 Lancôme*

*Spiegel (mirror) 1 Guerlain · 2 Silberblatt*

*Paloma Picasso*

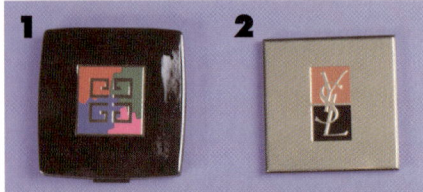

*1 Givenchy · 2 YSL*

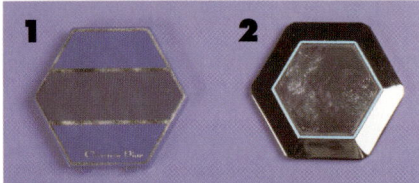

*1 Dior · 2 Lou Lou*

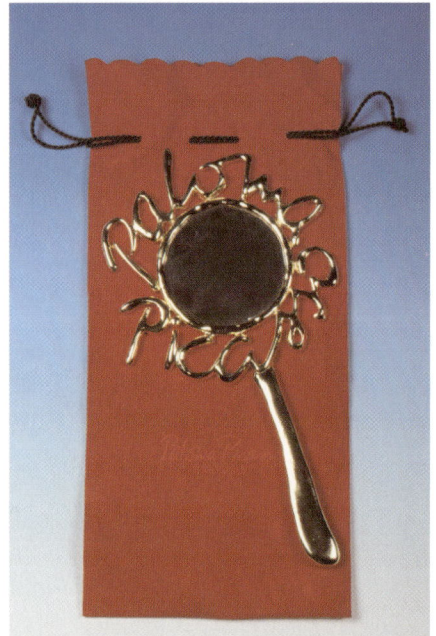

*1 Guerlain · 2 Nina Ricci*

*Paloma Picasso*

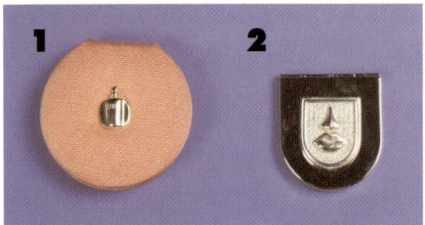

*1 Dior · 2 Dali*

*1 Estée Lauder · 2 Hugo Boss*

# Sammlerkataloge Collectors guides aus dem Fantasia Verlag

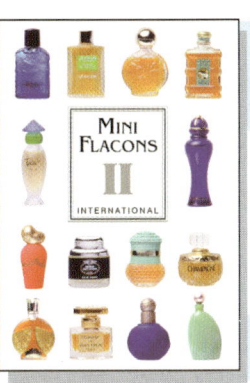

### Mini Flacons International, Band 2

Band II enthält ca. 2.000 weitere Parfüm-Miniaturen sowie Großfactisen aus aller Welt. Aufbau und Sortierung enspricht dem vorstehend beschriebenen Buch.

**Taschenbuch, Format 15 x 21 cm (DIN A5)**
Euro 25,- / DM 49,-
zuzügl. Euro 3,- (D) / Euro 8,- (EU) Porto
**ISBN 3-935976-05-4**

### *Mini Flacons International, Vol. 2*

*Volume II to the catalogue „Mini Flacons International", featuring 2,000 new mini perfume bottles plus large factices from all over the world.*

***Paperback, size 6" x 8" (A5)***
*US$ 29.95 plus shipping (USA, overseas)*
*Euro 25,- plus Euro 8,- shipping (Europe)*
***ISBN 3-935976-05-4***

### Preisliste Mini Flacons '98/99

Der Preisführer mit den aktuellen Sammler-werten. Euro 9,20 / DM 18,-
zuzügl. Euro 3,- (D) / Euro 4,- (EU) Porto
**ISBN 3-935976-04-6**

### *Mini Flacons collectors value '98/99*

*The price guide with actual collector values.*
*US$ 15.- plus shipping (USA, overseas)*
*Euro 9,20 plus Euro 4,- shipping (Europe)*
***ISBN 3-935976-04-6***

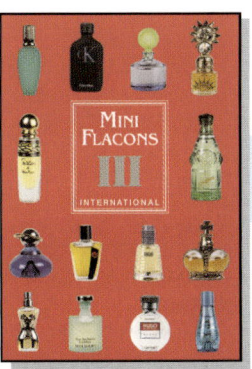

### Mini Flacons International, Band 3

Ergänzung zu Band I + II mit Abbildungen von 1.000 neuen und alten Flakons sowie Pendants und Flakon Schmuckstücken.

**Taschenbuch, Format 15 x 21 cm (DIN A5)**
Euro 19,90 / DM 39,-
zuzügl. Euro 3,- (D) / Euro 8,- (EU) Porto
**ISBN 3-935976-03-8**

### *Mini Flacons International, Vol. 3*

*Supplement to Vol. i + II with pictures of 1,000 new and ald Perfume bottles, Pendants & Perf. Jewelery.*

***Paperback, size 6" x 8" (A5)***
*US$ 24.95 plus shipping (USA, overseas)*
*Euro 19,90 plus Euro 8,- shipping (Europe)*
***ISBN 3-935976-03-8***

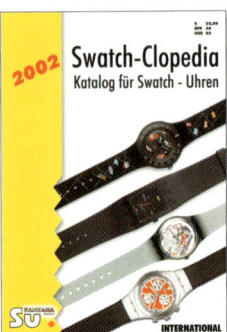

### Swatch-Clopedia 2002
### Katalog für Swatch Uhren
Dies ist der ultimative Swatch-Führer. In diesem Buch finden Sie Bilder ALLER regulär erschienenen Swatch Uhren, Specials, Sonderverpackungen, etc. (Deutsch/Englisch).
**Format 15 x 21 cm (DIN A5)**
Euro 22,50 / DM 44,-
zuzügl. Euro 3,- (D) / Euro 8,- (EU) Porto
**ISBN 3-935976-02-X**

### *Swatch-Clopedia 2002*
### *Catalogue for Swatch watches*
*This is the ultimate Swatch-guide. In this book you will find pictures of ALL regular Swatch watches, specials, special packagings, etc. Descriptions in German and English.*

***Paperback, Size 6" x 8" (A5)***
*US$ 28.- including shipping (in USA)*
*Euro 22,50 plus Euro 8.- shipping (Europe)*
***ISBN 3-935976-02-X***

### Katalog "Spielzeug aus dem Ei"
### Auflage 2001/2002
Ca. 8.500 Objekte werden auf 704 Seiten mit aktuellen Marktpreisen abgebildet: Figuren, Autos, Flugzeuge, Schiffe, Hohlkörperfiguren, Spardosen, Balgfiguren und Plastikpuzzles von Ferrero und anderen Herstellern. Dreisprachige Ausgabe (Deutsch/Italienisch/Englisch).
**Hardcover, Format 15 x 21 cm (DIN A5)**
Euro 22,50 / DM 44,-
zuzügl. Euro 3,- (D) / Euro 8,- (EU) Porto
**ISBN 3-935976-00-3**

### *Katalog "Spielzeug aus dem Ei"*
### *Edition 2001/2002*
*This catalogue shows approximately 8,500 objects on 704 pages. Illustrated are figures, vehicles and other toys from the "Ferrero Kinder Surprise" chocolate eggs. One chapter of the guide deals with similar gifts from other brands. Descriptions in German, Italian and English.*
***Hardcover, size 6"x 8" (A5)***
*US$ 22.- plus $ 5.- shipping (in USA)*
*Euro 22,50 plus Euro 8.- shipping (Europe)*
***ISBN 3-935976-00-3***

### Katalog "Spielzeug aus dem Ei"
### Taschenausgabe 2001/2002
Aktualisierte Auflage. Dieser postkartengroße Katalog ist die ideale Ergänzung für unterwegs.
Ohne Fremdfirmen + ausl. Beipackzettel

**Paperback, Format DIN A6, 576 Seiten**
Euro 7,62 / DM 14,90
zuzügl. Euro 3,- (D) / Euro 4,- (EU) Porto
**ISBN 3-935976-01-1**

### *Katalog "Spielzeug aus dem Ei"*
### *Pocket Guide 2001/2002*
*Revised edition. This postcard size book is the perfect information source 'on the road'.*
*Includes no "other" producers + international figure-papers*

***Paperback, size 4"x 6" (A6), 576 pages***
*US$ 9.- plus $ 5.- shipping (in USA)*
*Euro 7,62 plus Euro 4.- shipping (Europe)*
***ISBN 3-935976-01-1***

  Deutschland und EU:
Fantasia Verlag GmbH
Postfach 301142 · D-63274 Dreieich
Info - Line: ++49 (0)6103 699503 · Fax: ++49 (0)6103 699504

| | | |
|---|---|---|
| ☐ Mini Flacons II | Euro 25,00 | $ 29.95 |
| ISBN 3-935976-05-4 | DM 49,00 | |
| ☐ Mini Flacons III | Euro 19,90 | $ 24.95 |
| ISBN 3-935976-03-8 | DM 39,00 | |
| ☐ Mini Flacons Preisliste | Euro 9,20 | $ 15.00 |
| ISBN 3-935976-04-6 | DM 18,00 | |
| ☐ Swatch-Clopedia 2002 | Euro 22,50 | $ 28.00 |
| ISBN 3-935976-02-X | DM 44,00 | |
| ☐ Spielzeug a. d. Ei Taschenausgabe 2001/02 | Euro 7,62 | $ 9.00 |
| ISBN 3-935976-01-1 | DM 14,90 | |
| ☐ Spielzeug aus dem Ei Hardcover 2001/02 | Euro 22,50 | $ 22.00 |
| ISBN 3-935976-00-3 | DM 44,00 | |

Name

Strasse
Street

PLZ/Ort
ZIP/City

Land
Country

Telefon
Phone                         E-Mail

F3 2002

Bezahlung per / Payment Type

☐ ☐ VISA ☐ MasterCard   No _____ valid tru _____

☐ Scheck    ☐ Bankeinzug (nur BRD)   Kontonummer _____
   Cheque       Only available in Germany

        BLZ _____   Bank _____

Datum/Date         Unterschrift / Signature _____

# NOTIZEN

# NOTIZEN

# Internationale

# P@rfum

# börsen

*Schnuppern Sie in eine*
*faszinierende Welt*
*rund um's Parfum!*

# Verkauf
# &
# Tausch von

Moderne und alte Parfum - Miniaturen

Facticen in sämtlichen Größen

Flacons jeder Art

Duftkarten und Cremeparfums

Pinns und Parfum-Accessoires

Öffnungszeiten:
2001: 11.00 - 16.00 Uhr
F-Strasbourg 10.00 - 18.00 Uhr

2002: 11.00 - 16.00 Uhr
F-Strasbourg: 10.30-17.00 Uhr

* Genügend kostenlose
Parkplätze!!
Alle Börsen sind mit
Parfum-Pfeil-Plakaten ausgeschildert.

Veranstalter:

Bettina Bayer-Tetzel
D-77749 Hohberg (bei Offenburg)
Brandeckstraße 22,
Tel. + 49 (0) 78 08 - 39 90
Fax + 49 (0) 78 08 - 39 82
GSM +49 (0) 171- 634 99 99
e-mail: info@parfumboerse.de
http://www.parfumboerse.de

## Termine 2001

Sonntag, 04.11.2001  Saarbrücken
Congresshalle, Hafenstr., Beschilderung Congresszentrum

Samstag, 10.11.2001  Heidelberg
Gesellschaftshaus, HD-Pfaffengrund, Schwalbenweg 1/2*

Samstag, 24.11.2001  Stuttgart
Haus der Architekten, Danneckerstr. 54,
BAB-Ausfahrt S-Degerloch (8km)

Sonntag, 09.12.2001  Frankfurt a.M.
Stadthalle Frankfurt / Bergen-Enkheim, Marktstr. 15*

## Termine 2002

Samstag, 02.03.2002  Heidelberg  s.o.

Samstag, 16.03.2002  Stuttgart  s.o.

Samstag, 23.03.2002  Saarbrücken  s.o.

Sonntag, 14.04.2002  Frankfurt a.M.  s.o.

Samstag, 08.06.2002  Baden-Baden
Kurhaus (Spielcasino), Kaiserallee 1

Sonntag, 01.09.2002  Rhein-Main: Taunusstein
(vormals Bärstadt), Bürgerhaus Taunus, TSt.- Hahn,
Scheidertalstr. 1*, A3 Abfahrt Idstein oder von der A66
kommend Abfahrt WI-Erbenheim, Richtung TSt.-Hahn

Sonntag, 22.09.2002  Nürnberg
Karl-Bröger-Zentrum, Karl-Bröger-Str. 9 (hinterm Hbf.)

Sonntag, 13.10.2002  Strasbourg (F)
Salle de la Bourse, 1 place de Lattre de Tassigny,
Börse 200 Meter hinter place de l'Ètoile*

Sonntag, 27.10.2002  Saarbrücken  s.o.

Samstag, 09.11.2002  Heidelberg  s.o.

Samstag, 23.11.2002  Stuttgart  s.o.

Sonntag, 15.12.2002  Frankfurt a.M.  s.o.